Mr Purwanto
Zeflin Angga Winata

Factores que afectam o investimento direto estrangeiro no sector mineiro

Mr Purwanto
Zeflin Angga Winata

Factores que afectam o investimento direto estrangeiro no sector mineiro

ScienciaScripts

Cover image: www.ingimage.com

This book is a translation from the original published under ISBN 978-3-659-75230-8.

Publisher:
Sciencia Scripts
is a trademark of
Dodo Books Indian Ocean Ltd. and OmniScriptum S.R.L publishing group

120 High Road, East Finchley, London, N2 9ED, United Kingdom
Str. Armeneasca 28/1, office 1, Chisinau MD-2012, Republic of Moldova, Europe
Printed at: see last page
ISBN: 978-620-8-15051-8

Índice:

ANÁLISE DOS FACTORES QUE AFECTAM O INVESTIMENTO DIRECTO ESTRANGEIRO NO SECTOR MINEIRO DA INDONÉSIA NO PERÍODO 2009-2012

Coautor (Orientador) : Purwanto
Autor : Zeflin Angga Winata

RESUMO

A Indonésia é um país com muitos recursos naturais e, recentemente, a Indonésia precisa que o investimento no sector mineiro atinja IDR 830 triliões até 2014 no contexto do Plano Diretor para a Aceleração e Expansão do Desenvolvimento Económico da Indonésia (MP3EI). Para atingir o objetivo, o investigador analisa o efeito do sector mineiro de exportação, da taxa de câmbio e da taxa de juro no investimento direto estrangeiro no sector mineiro na Indonésia durante 2009-2012. Esta investigação utiliza a análise quantitativa com dados secundários. A análise quantitativa consiste num teste de hipóteses clássico, numa análise de regressão múltipla, num teste de hipóteses através do teste T e do teste F e numa análise do coeficiente de determinação (R2). O teste de hipóteses através do teste T mostra que a taxa de câmbio parcial tem uma influência significativa no IDE do sector mineiro na Indonésia, mas o sector mineiro de exportação e as taxas de juro não são significativos no IDE do sector mineiro na Indonésia, com a=5%. O teste F mostrou que todas as variáveis independentes são adequadas para testar a variável dependente, o que significa que as variáveis independentes têm um efeito significativo na variável dependente, com uma pontuação F de 7,844. O R ajustado^2 é de 0,323, o que mostra que 32,3% podem ser explicados pelas variáveis independentes (sector mineiro de exportação, taxas de câmbio e taxas de juro). E os outros 67,7% são explicados por outras causas fora do modelo.

Palavras-chave: Investimento direto estrangeiro no sector mineiro, exportação do sector mineiro, taxa de câmbio, taxa de juro

CAPÍTULO I

INTRODUÇÃO

1.1. Antecedentes do estudo

A Indonésia é um país potencial e tem uma contribuição para os recursos naturais mundiais. No que diz respeito ao sector mineiro, existem vários tipos de recursos minerais espalhados por toda a Indonésia, de Miangan à ilha de Rote, incluindo níquel, ouro, carvão, cobre, carvão, etc. Outros recursos minerais abundantes são a prata, o petróleo e o gás e a bauxite. Atualmente, a Indonésia produz uma vasta gama de minerais que são úteis para os mercados nacional e internacional. Os investidores que investem no sector mineiro podem aumentar as receitas do Estado, abrir novas perspectivas de emprego, criar postos de trabalho e contribuir para o orçamento. A Indonésia deve orgulhar-se de possuir todos os recursos naturais e de apoiar outros sectores, como os transportes, a indústria, o comércio, o sector financeiro, etc.

Como podemos ver, o investimento na exploração na Indonésia (1,5% ou aproximadamente 57 milhões de dólares americanos) é relativamente pequeno em comparação com a escala da exploração global em 2004, que ascendeu a 3,8 mil milhões de dólares americanos, por exemplo, na América Latina (21,9%), Canadá (19,6%), África (16,1%) e Austrália (14,7%). Em 2006, o investimento na Indonésia aumentou para 157 milhões de dólares americanos, em comparação com a média de 109 milhões de dólares americanos registada entre 1996 e 2000 e de 57 milhões de dólares americanos por ano entre 2001 e 2005. (W.Soelistijo, 2012)

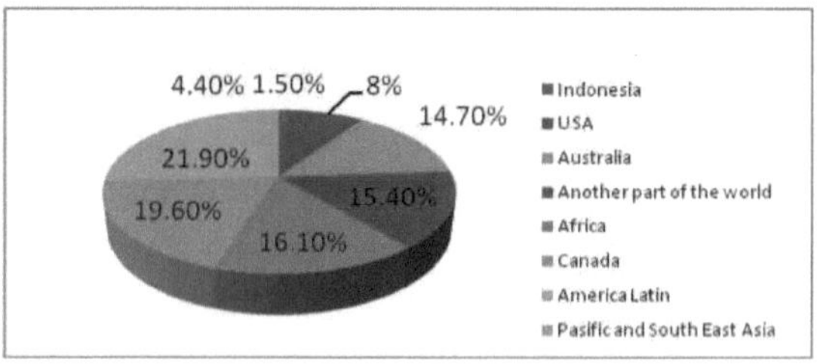

Figura 1.1 Quota de exploração global
Fonte: Associação Mineira da Indonésia, 2004.

Sendo um país com um elevado potencial de recursos naturais, mas ainda com um número reduzido de explorações, a Indonésia necessita de fundos substanciais para efetuar a exploração. O governo da Indonésia pode procurar financiamento através das poupanças do Estado, mas o Estado tem fundos limitados para levar a cabo o desenvolvimento mineiro, pelo que o governo espera obter financiamento do sector privado internacional.

O investimento é uma atividade que visa transformar o potencial dos recursos em força económica real. Os recursos naturais de cada região são transformados e utilizados para melhorar a prosperidade de todas as pessoas de forma justa e equitativa. No entanto, a utilização dos recursos naturais e a necessidade de equilibrar a preservação do ambiente com o desenvolvimento. O papel do investimento na Indonésia tende a aumentar juntamente com o montante de fundos necessários para prosseguir o desenvolvimento nacional. O investimento é um fator crucial para a sustentabilidade do processo de desenvolvimento económico ou para o crescimento económico a longo prazo. O desenvolvimento económico envolve as actividades de produção em todos os sectores da economia.

De acordo com os economistas (INDEF) Eny Sri Hartati disse que o investimento direto na Indonésia mais sectores na indústria de capital intensivo. "Eny disse que o desenvolvimento da indústria de processamento de commodities criará novos empregos em um momento pode sustentar os setores de mineração e plantação são capazes de absorver mais trabalho. (Gosta, 2012)

No âmbito do Plano Diretor para a Aceleração e Expansão do Desenvolvimento Económico da Indonésia (MP3EI), a Indonésia continua a necessitar de investimentos no sector mineiro que atingiram 830 biliões de rupias até 2014. Wimpy S Tjetjep, adjunto do Ministério da Coordenação dos Recursos Energéticos, Minerais e Florestais para os Assuntos Económicos, afirmou que a necessidade de investimento no sector mineiro continua a ser muito elevada e que se espera que o Estado e o sector privado possam participar mais. "Até 2014, precisamos de 830 biliões de rupias, o que é enorme. Quase todos parecem ser muito mais empresas privadas e estatais. O governo só tem de ajudar e orientar os investidores, porque é um grande investimento. (Pradipta, 2011)

O Diretor Presidente da PT Antam, Alwinsyah Lubis, afirmou que a Indonésia tem um potencial considerável de reservas minerais. Mas o problema é como gerir bem essas reservas. E Lubis disse: "O potencial é certamente necessário para governar e fornecer valor acrescentado, e penso que a tendência nos últimos anos a contribuição da exploração mineira para o Estado aumentou. Mas não é suficiente, porque não é exibida de forma significativa". Para isso, disse, a contribuição deste sector tem de ser melhorada. E é claro que existe um desafio. Além disso, disse, a posição da Indonésia no investimento no sector mineiro ainda é bastante baixa. E isso é contrário ao facto de o potencial mineiro da Indonésia ser bastante grande (Asmadi, 2012).

A evolução do investimento no sector mineiro na Indonésia tem sido variável. Em 2009, o investimento direto estrangeiro no sector mineiro ascendeu a 173 086 200 USD, tendo aumentado no ano seguinte para 2 200 548 100 USD

Quadro 1.1 IDE no sector mineiro da Indonésia no período 2009-2012(Q3)

Ano	Total do projeto	IDE no sector mineiro (milhares de dólares)
2009	36	173,086.2
2010	227	2,200,548.1

2011	320	3,619,218.2
2012-Q3	337	3,156,809.100

Fonte: Conselho de Coordenação do Investimento da Indonésia 2012

Existem vários factores que podem afetar o número de investimentos diretos estrangeiros no sector mineiro na Indonésia, tais como as exportações do sector mineiro, as taxas de câmbio e as taxas de juro.

(Sarwedi, 2002) Acredita-se que o valor total das exportações continua a aumentar, seguido de um aumento do número de investimento direto estrangeiro na economia do país, porque o valor total das exportações tem um impacto positivo e significativo no investimento direto estrangeiro, bem como se pode inferir que tem uma relação complementar com o investimento direto estrangeiro.

No início de 2009, as exportações no sector mineiro eram de 746 800 000 dólares e aumentaram para 2 251 200 000 dólares no final de 2009. O ponto mais alto em julho de 2011 foi de US$ 3.315.700.000.

(Campa, 1993), no entanto, apresenta um argumento diferente para a relação entre o nível da taxa de câmbio e o IDE. No seu modelo, a decisão da empresa de investir ou não no estrangeiro depende das expectativas de rendibilidade futura. Neste caso, quanto mais elevado for o nível da taxa de câmbio (medido em unidades de moeda estrangeira por moeda do país de acolhimento) e quanto mais esta estiver a subir, mais elevadas serão as expectativas de lucros futuros com a entrada num mercado estrangeiro. Por conseguinte, o modelo de Campa prevê que uma apreciação da moeda do país de acolhimento aumentará o IDE nesse país.

As taxas de câmbio nominais e reais têm flutuado significativamente desde o início da década de 1970, na sequência do colapso do sistema de Bretton Woods. (David Greenaway, 2009). No início de 2009, a taxa de câmbio da Indonésia em relação ao dólar era de IDR 11.980,00. E a apreciação no ponto mais baixo é de IDR 8.508,00 (2011) ou de IDR 3.472,00.

Para além das exportações do sector mineiro e das taxas de câmbio, considera-se que as taxas de juro de um país também influenciam o montante do investimento direto estrangeiro no sector mineiro.

(Sukirno, Makroekonomi Modern, 2000) afirma que o investimento terá de ter em conta a taxa de juro; se a taxa de juro for superior à rendibilidade do capital, o investimento previsto não é rentável, pelo que os planos de investimento da empresa serão cancelados. A taxa de juro na Indonésia refere-se à taxa de juro dos certificados do Banco da Indonésia, denominada SBI, atualmente designada por taxa BI. Ao determinar a taxa BI, o Banco da Indonésia, tal como as agências governamentais que determinam as políticas monetárias, presta sempre atenção ao estado da economia, uma vez que a taxa BI será afetada pela taxa de juro a que os bancos comerciais afectam a economia.

No início de 2009, as taxas de juro na Indonésia eram de 8,75% e diminuíram 2,25% para 6,5% no primeiro dia de 2010. De fevereiro a agosto de 2012, as taxas de juro na Indonésia desceram para 5,75%.

1.2. Problema identificado

Os investidores estrangeiros terão em conta vários aspectos antes de investirem na Indonésia. Neste estudo, serão analisados os factores macroeconómicos como factores de atração do investimento direto estrangeiro no sector mineiro da Indonésia, nomeadamente as exportações mineiras, as taxas de câmbio e as taxas de juro.

De acordo com (Mudrajad Kuncoro, 2009), conforme citado (Mudara, 2012), a Indonésia foi a mais fraca na gestão da PMA e, guiados pela explicação em segundo plano, os escritores interessados em analisar mais detalhadamente quais essas variáveis afectam o investimento no sector mineiro, os escritores escolheram o título: "Análise dos factores que afectam o investimento direto estrangeiro no sector mineiro da Indonésia no período 2009-2012"

1.3. Declaração do problema

Esta investigação foi conduzida com o objetivo de explorar:

1. Existe alguma influência entre as exportações mineiras e o sector mineiro do IDE na Indonésia?
2. Existe alguma influência entre as taxas de câmbio e o IDE no sector mineiro da Indonésia?
3. Existe alguma influência entre as taxas de juro e o IDE no sector mineiro da Indonésia?
4. Quais as variáveis de exportação mineira, taxas de câmbio, taxas de juro que mais influenciam o sector mineiro do IDE?

1.4. Objetivo da investigação

De acordo com o problema colocado na secção anterior, os objectivos desta investigação são os seguintes

1. Analisar a influência das exportações mineiras no IDE do sector mineiro na Indonésia
2. Analisar a influência das taxas de câmbio no IDE do sector mineiro na Indonésia
3. Analisar a influência das taxas de juro no IDE do sector mineiro na Indonésia
4. Determinar as variáveis mais dominantes que influenciam o IDE no sector mineiro da Indonésia

1.5. Importância do estudo

Esta tese traz alguns benefícios para o investigador. Espera-se que também possa contribuir para o governo da Indonésia, para a comunidade académica e, especialmente, para o economista ou para o próximo investigador.

1. O investigador espera que esta tese possa refletir as condições do sector mineiro do IDE na Indonésia, especialmente para o Conselho de Coordenação do Investimento (BKPM), o Banco da Indonésia, o Ministério do Comércio, o Ministério da Energia e dos Recursos

Minerais da Indonésia, a fim de criar uma melhor política e um ambiente de investimento mais estável

2. Como materiais de referência e melhorias editoriais para futuras investigações relacionadas com esta investigação
3. Compreender e explorar as questões no domínio da macroeconomia, nomeadamente no sector mineiro do IDE
4. Os estudos podem ser conhecidos pela influência do IDE do sector mineiro no nível de exportação mineira, nas taxas de câmbio e nas taxas de juro.
5. Espera-se que este estudo contribua para a biblioteca da President University

1.6. Quadro teórico

Quadro teórico da investigação:

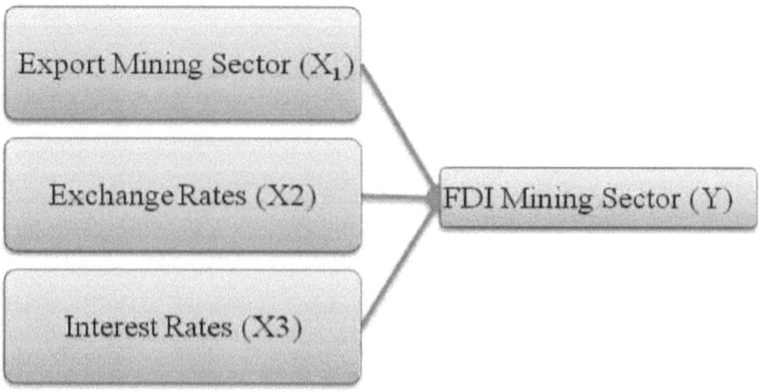

Figura 1.2 Quadro teórico da investigação

Fonte: Construído pelo Investigador

1.7. Âmbito e limitações do estudo

Devido à limitação do tempo de investigação (setembro de 2012-janeiro de 2013), esta tese basear-se-á apenas nas exportações mineiras, com base em dados do sítio Web do Ministério do Comércio da Indonésia, nas taxas de juro e na taxa de câmbio, com base em dados do sítio Web do Banco da Indonésia, e no IDE do sector mineiro, com base em dados do E-mail do Conselho de Coordenação do Investimento da Indonésia.

A investigação em si centrar-se-á apenas nos dados do período de janeiro de 2009 a agosto de 2012. Não foram manipulados quaisquer dados e a investigação não é responsável por outros cálculos baseados noutros dados que possam ser diferentes noutras instituições.

1.8. Pressuposto e Hipótese

Nesta investigação, o autor parte do princípio de que as exportações mineiras, as taxas de câmbio e as taxas de juro são factores importantes em comparação com outros factores macroeconómicos.

Algumas hipóteses querem ser testadas pela investigação:

H_0: Não existe uma influência significativa entre (exportações mineiras, taxas de câmbio, taxas de juro) e o IDE no sector mineiro

H_a : Existe uma influência significativa entre (exportação mineira, taxas de câmbio, taxas de juro) e o IDE no sector mineiro

1.9. Definição de termos

1. **O sector mineiro do IDE** é uma atividade de investimento no sector mineiro para fazer negócios no território do Estado da República da Indonésia, levada a cabo por um investidor estrangeiro, quer através da utilização da totalidade do capital estrangeiro, quer através de um compromisso.
2. **A exportação mineira** é um processo de transferência de mercadorias minerais de países nacionais para países estrangeiros.
3. **As taxas de juro reais** são as taxas de juro actuais menos a inflação atual.
4. **A taxa de câmbio** é o preço da moeda de um país expresso na moeda de outro país. Por outras palavras, o preço da moeda do país de acolhimento expresso na moeda do país de origem.
5. **A análise de correlação** é o grau e o tipo de relação entre duas ou mais variáveis em que estas variam em conjunto durante um período.
6. **Variável** é uma caraterística, número ou quantidade que aumenta ou diminui ao longo do tempo, ou que assume valores diferentes em situações diferentes.
7. **A variável independente** é um fator ou fenómeno que causa ou influencia outro fator ou fenómeno associado.
8. **A variável dependente** é um fator ou fenómeno que é alterado pelo efeito de um fator ou fenómeno associado.

CAPÍTULO II

REVISÃO DA LITERATURA

2.1. Investimento

O investimento é simplesmente qualquer veículo no qual podem ser colocados fundos com a expetativa de gerar um rendimento positivo e/ou preservar ou aumentar o seu valor (Gitman&Joehnk, 2008). Entendimento de investimento por (Sukirno, Makroekonomi Modern, 2000): "Investimento" significa despesas para a compra de bens de capital e equipamento de produção, a fim de substituir e, especialmente, acrescentar bens de capital na economia que serão utilizados para produzir bens e serviços no futuro. Estatisticamente, os investimentos ou despesas para adquirir bens de capital e equipamento de produção dividem-se em quatro componentes: os investimentos das empresas privadas, as despesas para estabelecer residência, as alterações nas existências das empresas e os investimentos efectuados pelo governo.

Em conformidade com a Lei da República da Indonésia n.º 25 de 2007 relativa ao investimento, entende-se por "investimento" qualquer forma de atividade de investimento exercida por investidores nacionais e estrangeiros no território do Estado da República da Indonésia.

Os objectivos do investimento de capital são:

a. para aumentar o crescimento da economia nacional;
b. para criar oportunidades de emprego;
c. para melhorar o desenvolvimento económico sustentável;
d. melhorar a competitividade do mundo empresarial nacional;
e. aumentar a capacidade e a aptidão da tecnologia nacional;
f. promover a valorização da economia popular;
g. transformar as potencialidades económicas em força económica real através da utilização de capitais provenientes de investimentos nacionais e estrangeiros
h. para melhorar o bem-estar social.

8.1.1. Tipo de investimento

Quando se investe, a organização em que se investe - quer se trate de uma empresa ou de uma entidade governamental - oferece um benefício futuro esperado em troca da utilização atual dos seus fundos (Gitman&Joehnk, 2008). Existem seis tipos de investimento:

1. Títulos ou propriedade

   Os investimentos que representam dívida ou propriedade ou o direito legal de adquirir ou vender uma participação de propriedade são designados por títulos. Os tipos mais comuns de títulos são as acções, as obrigações e as opções. Por outro lado, o património consiste no investimento em bens imóveis ou em bens pessoais tangíveis. Os bens imóveis são terrenos, edifícios e tudo o que está permanentemente afixado no terreno. Os bens pessoais tangíveis incluem itens como ouro, obras de arte, antiguidades e outros objectos de coleção.

2. Direto ou Indireto

   Um investimento direto é aquele em que um investidor adquire diretamente um direito sobre um título ou propriedade. E um investimento indireto é um investimento feito num conjunto de títulos ou propriedades, normalmente construído para atingir um ou mais objectivos de investimento.

3. Títulos de dívida, acções ou derivados

   A dívida representa fundos emprestados em troca de rendimentos de juros e da promessa de reembolso do empréstimo numa determinada data futura. As acções representam a propriedade contínua de uma empresa ou propriedade. Os títulos derivados não são nem dívida nem capital

4. Risco baixo ou alto

   Os investimentos de baixo risco são aqueles considerados seguros no que respeita a um retorno positivo. Os investimentos de alto risco são considerados especulativos; os seus níveis de rendibilidade são altamente incertos.

5. Curto ou longo prazo

   Os investimentos a curto prazo vencem normalmente no prazo de um ano. Os investimentos a longo prazo são os que têm prazos de vencimento mais longos ou, como as acções ordinárias, não têm qualquer vencimento.

6. Nacional ou estrangeiro

   Investimento nacional; os títulos de dívida, acções e derivados de empresas sediadas nos EUA. Atualmente, os investidores também procuram investimento estrangeiro (direto e indireto) que possa oferecer rendimentos mais atractivos do que o investimento puramente nacional.

Outro tipo de investimento também é explicado por (Herlambang, 2001), Existem três tipos de despesas de investimento;

7. Investimento fixo das empresas

   Investimento que envolve o equipamento e as estruturas que a empresa tem ao seu dispor para serem utilizados na produção.

8. Investimento residencial

   Investimento que abrange a compra de novas habitações para serem ocupadas ou o proprietário para a compra de capital de aluguer.

9. Investimento em existências

   O investimento inclui matérias-primas e materiais auxiliares, produtos semi-acabados e produtos acabados

8.1.2. O fator determinante do investimento

Foi demonstrado empiricamente que os factores macroeconómicos têm influência no desenvolvimento do investimento em alguns países. (Tendelilin, 2010) resume vários factores macroeconómicos que influenciam os investimentos no país: a taxa de crescimento do produto interno bruto, a taxa de crescimento da inflação, a taxa de juro e a taxa de câmbio.

Todos os empresários desejam obter lucros com a sua atividade, mas esses lucros não podem ser obtidos imediatamente ou num futuro próximo. Em geral, os resultados das vendas e dos lucros serão obtidos durante o período de funcionamento da empresa. Assim, a atividade de investimento atual é grandemente influenciada pela previsão do número de vendas e dos lucros futuros esperados.

De acordo com (Sukirno, Makroekonomi Modern, 2000), existem duas abordagens de decisão para investir numa determinada atividade. Primeiro, determinar o valor atual do rendimento líquido que será obtido durante a vida do projeto. Em segundo lugar, a taxa de retorno; é a percentagem entre o rendimento líquido do projeto e o capital.

Um estudo recente de (Oman, 2000) sugere a existência de um processo de decisão de investimento em duas fases. Em primeiro lugar, os investidores começam por selecionar um conjunto de potenciais países anfitriões com base nos fundamentos económicos e políticos do país. Nesta fase, parece que os incentivos ao investimento não desempenham qualquer papel. Em segundo lugar, após a seleção, os investidores podem considerar e procurar incentivos ao investimento antes de decidirem onde investir. Os incentivos e as políticas de investimento são considerados como dispositivos de sinalização da atitude geral de acolhimento do governo em relação ao IDE e ao ambiente empresarial global. Na segunda fase, esses incentivos e políticas do governo do país de acolhimento podem desempenhar um papel na decisão de localização. Por exemplo, se uma empresa tiver duas alternativas de localização mais ou menos semelhantes para o seu investimento, os incentivos podem ser considerados como um fator-chave na decisão de investimento.

Outros factores também descritos por (Sukirno, Pengantar Bisnis Edisi Pertama, 2006), Os principais factores que determinam o nível de investimento são

1. A previsão do lucro a obter no futuro
2. Taxas de juro.
3. Previsões sobre a economia do Estado no futuro.
4. Avanços tecnológicos.
5. Nível de rendimento nacional

2.2. Investimento direto estrangeiro

Dos seis tipos de investimento referidos no livro de Gitman & Joehnk, já explicados anteriormente, o presente estudo debruçar-se-á em profundidade sobre o investimento estrangeiro. De acordo com o Ministério do Direito e dos Direitos Humanos (Rights, 2007), por investimento estrangeiro entende-se uma atividade de investimento para fazer negócios no território do Estado da República da Indonésia, realizada por um investidor estrangeiro, quer através da utilização de todo o capital estrangeiro, quer através da participação numa empresa comum com um investidor nacional.

Os fluxos de investimento direto estrangeiro na Indonésia provêm de vários países: Singapura, Japão, Estados Unidos, Coreia do Sul, Reino Unido, etc. O investimento direto estrangeiro ocorre quando uma empresa investe diretamente num país estrangeiro e inicia a sua atividade ou produz bens. Outra definição também definida por (Krugman, 1995), o investimento direto estrangeiro é formalmente definido como a propriedade de activos num país por residentes de outro país para efeitos de controlo da utilização desses activos.

(Mudrajad Kuncoro, 2009) como citado (Mudara, 2012) no seu livro escreveu que, a fim de mostrar o desempenho e o potencial de um país para o IDE, olhando para uma variedade de indicadores, um dos quais é os indicadores macroeconómicos, a Conferência das Nações Unidas sobre Comércio e Desenvolvimento (UNCTAD) desde 1998 para criar uma matriz que é dividida em quatro partes são (1) corredor da frente, é o país com um desempenho e um potencial de IDE elevado, (2) acima do potencial, é o país com um potencial de IDE baixo, mas com um desempenho de IDE elevado, (3) abaixo do potencial, é o país com um potencial de IDE elevado, mas com um desempenho de IDE baixo, (4) com um desempenho insuficiente, é o país com um potencial de IDE e níveis de desempenho. No período de 2004-2006, a Indonésia foi o país mais fraco na gestão da PMA, enquanto o Brunei Darussalam, a Malásia, Singapura, a Tailândia e o Vietname estão na primeira linha.

2.2.1. Tipo de investimento direto estrangeiro

Outro tipo de investimento direto estrangeiro definido por (Hill, 2009). O IDE assume duas formas principais. A primeira é um investimento de raiz, que envolve o estabelecimento de uma nova operação num país estrangeiro. A segunda envolve a aquisição ou fusão com uma empresa existente no país estrangeiro.

O investimento estrangeiro pode ser dividido em duas componentes: Em primeiro lugar, o investimento de carteira, que consiste na compra de acções e obrigações apenas com o objetivo de obter um retorno dos fundos investidos e, em segundo lugar, o investimento direto, através do qual os investidores participam na gestão da empresa, para além de receberem um retorno do seu dinheiro. (Ball, 2006)

De acordo com o Conselho de Coordenação do Investimento da Indonésia, o tipo de investimento direto estrangeiro na Indonésia divide-se em três categorias principais: primário, secundário e terciário. Cada categoria tem várias subcategorias;

1. Setor primário
   a. Culturas alimentares e plantações
   b. Pecuária

c. Silvicultura
d. Pesca
e. Exploração mineira

2. Setor secundário
   a. Indústria alimentar
   b. Indústria têxtil
   c. Indústria de artigos de couro e calçado
   d. Indústria da madeira
   e. Indústria do papel e da impressão
   f. Indústria química e farmacêutica
   g. Indústria da borracha e do plástico
   h. Indústria de Minerais Não Metálicos
   i. Indústria metalúrgica, maquinaria e eletrónica
   j. Instrumentos médicos e ópticos, relógios e indústria de relógios
   k. Veículos e outro equipamento de transporte Indústria
   l. Outro sector
3. Setor terciário
   a. Fornecimento de eletricidade, gás e água
   b. Construção
   c. Comércio e reparação
   d. Hotel e restaurante
   e. Transporte, armazenamento e comunicação
   f. Imobiliário, Ind. Imobiliário e Actividades Empresariais
   g. Outros serviços

2.3. Exploração mineira

A Indonésia é conhecida como um país com abundância de material mineiro. Os depósitos minerais na Indonésia encontram-se em terra e no mar. Para obter e processar estes minerais é necessário muito capital, conhecimentos e alta tecnologia. O governo recolhe tudo isto do país e do estrangeiro.

Por exploração mineira entende-se uma parte ou a totalidade das fases de investigação, gestão e comercialização de minerais e carvão, que incluem inquéritos gerais, explorações, estudos de viabilidade, construção, minas, processamento e refinação/fundição, transporte e venda, bem como actividades pós-mineração (Indonésia, 2009). Podemos ver a fase de extração mineira desde o início até ao fim, como se segue:

Para apoiar o desenvolvimento nacional sustentável, a gestão dos minerais e do carvão deve ter os seguintes objectivos

a. Assegurar a eficácia da condução e do controlo de actividades mineiras eficientes, eficazes e competitivas;
b. Assegurar o benefício de uma exploração sustentável e ambientalmente correta dos recursos minerais e do carvão
   Exploração mineira;
c. Assegurar o abastecimento de minerais e carvão como matérias-primas e/ou fontes de energia para as necessidades internas;
d. Apoiar e desenvolver a capacidade nacional para melhor competir a nível nacional, regional e internacional;
e. Melhorar o rendimento da comunidade local, das regiões e do Estado, bem como criar oportunidades de emprego para a maior prosperidade das pessoas;
f. Garantir a segurança jurídica no exercício das actividades das empresas do sector mineiro e do carvão

Exploração mineira em grande escala na Indonésia com equipamentos modernos, recentemente implementados para a extração de minérios e metais produtores de energia. A empresa mineira é detida pelo governo e parcialmente por empresas privadas. O resultado é maioritariamente exportado. Extração de minerais não metálicos e rochas por residentes ou empresas locais, geralmente em pequena escala e com equipamento simples. A produção não tem sido regular e é utilizada apenas para fins domésticos.

A aquisição e utilização dos recursos mineiros de forma eficiente terá um impacto na melhoria do bem-estar da sociedade em geral, quer direta quer indiretamente. Os esforços para melhorar o bem-estar das pessoas no sector da energia, por exemplo, a construção de centrais eléctricas como fonte de energia e de iluminação doméstica, podem melhorar diretamente a qualidade de vida das pessoas.

O sector mineiro preocupa-se com o ambiente e afecta diretamente os meios de subsistência das comunidades. A fim de melhorar o bem-estar das pessoas que não são diretamente afectadas pelo sector mineiro, as receitas do Estado serão obtidas sob a forma de receitas fiscais, não fiscais e regionais (Lei 4 de 2009 relativa à exploração de minerais e carvão);

a. Receitas fiscais
- Impostos sob a autoridade do Governo ao abrigo das disposições legislativas e regulamentares no domínio da fiscalidade
- Direitos aduaneiros e impostos especiais de consumo

b. Receitas não fiscais do Estado
- Rendas mortas

- Royalties de exploração
- Direitos de produção
- Compensação por dados/informações

c. Rendimento regional

- Impostos regionais
- Taxas regionais
- Outros rendimentos lícitos ao abrigo das disposições legislativas e regulamentares

2.3.1. Tipos de minas na Indonésia

De acordo com a Lei da República da Indonésia n.º 4 de 2009 relativa à extração de minérios e carvão, as actividades mineiras na Indonésia podem ser classificadas em dois tipos:

a. Extração de minerais

Por extração mineral entende-se qualquer extração de conjuntos minerais sob a forma de minérios ou rochas, com exceção da geotérmica, do petróleo e do gás natural, bem como das águas subterrâneas.

b. Extração de carvão

Por extração de carvão entende-se qualquer extração de sedimentos de carbono encontrados na terra, incluindo betume sólido, turfa e rochas asfálticas.

A extração de minerais é classificada em (Lei n.º 23, 2010):

a. Extração de minerais radioactivos

Minerais radioactivos, abrangendo o rádio, o tório, o urânio, a monazite e outros minerais radioactivos

b. Extração de minerais metálicos

Minerais metálicos, abrangendo lítio, berílio, magnésio, kalium, cálcio, ouro, cobre, prata, chumbo, zinco, estanho, níquel, magnésio, platina, bismuto, molibdénio, bauxite, etc.

c. Extração de minerais não metálicos

Minerais não metálicos, incluindo diamante, corindo, grafite, arsénico, areia de quartzo, farinhaspato, criolte, ódio, bromo, cloro, enxofre, fosfato, halite, amianto, talco, mica, etc.

d. Extração de pedra

Rochas, incluindo pedra-pomes, traço, toseki, obsidiana, mármore, perlite, terra diatómica, terra de Fuller, ardósia, etc.

2.4. Exportação

A oferta de exportação é afetada pelo investimento estrangeiro (PMA). O aumento do investimento estrangeiro irá indiretamente aumentar a industrialização. Consequentemente, o número de bens produzidos aumentará. Esta relação positiva ainda está a ser debatida por alguns observadores. Tal deve-se à possibilidade de o investimento estrangeiro ser altamente dependente e influenciado pelas políticas do país beneficiário ou do país de acolhimento. (Sarwedi, 2002)

Acredita-se que o valor total das exportações continua a aumentar, seguido de um aumento do número de investimento direto estrangeiro na economia do país, porque o valor total das exportações tem um impacto positivo e significativo no investimento direto estrangeiro, bem como se pode inferir que tem uma relação complementar com o investimento direto estrangeiro. (Sarwedi, 2002)

(Graham,1996) em estudos de caso para os EUA e Japão utilizando o modelo de abordagem gravitacional (gravity models aprroach) concluiu que existe uma relação complementar entre as exportações e o IDE nestes países. enquanto Brenton e Di (Mauro,1999) no seu estudo em países europeus (França, Reino Unido e Alemanha) afirma que existe uma relação positiva estatisticamente significativa entre o IDE e a exportação pelo que se pode concluir que existe uma relação complementar forte entre as duas variáveis.Como cita (Sarwedi, 2002)

2.5. Taxa de câmbio

A taxa de câmbio pode ser considerada a taxa à qual uma moeda pode ser convertida noutra moeda. Existem quatro tipos de regimes de taxas de câmbio que um país pode adotar: totalmente fixo, flutuante, flutuante controlado e semi-fixo;

a. Um regime de taxa de câmbio totalmente fixa é aquele em que um governo estabelece e mantém a taxa de câmbio oficial. Um preço fixo é determinado em relação a uma das principais moedas mundiais
b. Um regime de taxa de câmbio flutuante é aquele em que a taxa de câmbio de um país é determinada pelo mercado privado através da oferta e da procura
c. Uma taxa de câmbio flutuante controlada é aquela em que o valor de uma moeda é determinado pela procura e oferta da moeda no mercado, sem que o governo estabeleça um objetivo pré-determinado para a taxa de câmbio. Os governos dos países anfitriões, numa ou noutra altura, "gerem" o valor da sua moeda através de alterações das taxas de juro e de outros controlos
d. Uma taxa de câmbio semi-fixa é aquela em que o valor da moeda de um país é definido pelo seu governo para se mover entre bandas de flutuação permitidas, e o seu banco central intervém para assegurar que a taxa de câmbio se mantém dentro dessas bandas. (Froot, 1991)

Em primeiro lugar, o nível da taxa de câmbio real afecta o IDE de várias formas, dependendo do destino dos bens produzidos. Se o objetivo do investidor for servir o mercado local, o IDE e o comércio tornam-se substitutos, pelo que podem ser considerados vários mecanismos. Espera-se que uma apreciação da moeda local aumente os fluxos de IDE. (Domar, 1997)

(Campa, 1993), no seu modelo, a decisão da empresa de investir ou não no estrangeiro depende das expectativas de rendibilidade futura. Neste caso, quanto mais elevado for o nível da taxa de câmbio (medido em unidades de moeda estrangeira por moeda do país de acolhimento) e quanto mais esta estiver a subir, mais elevadas serão as expectativas de lucros futuros com a entrada num mercado estrangeiro. Por conseguinte, o modelo de Campa prevê que uma apreciação da moeda do país de acolhimento aumentará o IDE nesse país,

2.6. Taxas de juro

O investimento é a componente da despesa que é provavelmente mais sensível às taxas de juro reais. Recorde-se que parte do investimento consiste na aquisição de novos equipamentos ou de uma nova fábrica por uma empresa. Muitas empresas têm de contrair empréstimos para pagar esse investimento. Taxas de juro reais mais elevadas tornam esses empréstimos mais onerosos. Os lucros adicionais que a empresa pode esperar obter com a compra de camiões e equipamento pesado são provavelmente inferiores aos custos dos juros do empréstimo se as taxas de juro reais forem elevadas. Assim, as empresas que estão a pensar comprar uma nova máquina e precisam de pedir fundos emprestados estarão menos inclinadas a comprar esse bem de investimento se a taxa de juro real for mais elevada, pelo que taxas de juro reais mais elevadas reduzem as despesas de investimento das empresas. (Taylor, 2007)

A nível macroeconómico, a taxa de juro é composta por taxas de juro nominais e reais. A taxa de juro nominal é a taxa que pode ser observada no mercado, a taxa de juro paga pelo banco e não tem em conta a inflação, enquanto a taxa de juro real é a taxa de juro real igual à taxa de juro declarada, ou nominal, menos a taxa de inflação. Por outras palavras, e de acordo com o Efeito Fisher, as taxas de juro "nominais" de um país (i) são a soma da taxa de juro "real" exigida (r) e da taxa de inflação esperada durante o período para o qual os fundos devem ser emprestados (I) e a fórmula é ($i = r + I$).

A influência das taxas de juro no investimento é explicada pela ideia dos economistas clássicos de que o investimento é uma função da taxa de juro. Se a taxa de juro for elevada, a disponibilidade para investir também é reduzida. Um investidor aumentará as despesas de investimento quando os benefícios esperados do investimento forem superiores à taxa de juro. Quanto mais baixa for a taxa de juro, mais os investidores estarão motivados para investir, porque o custo do capital também está a diminuir.

2.6.1. A influência da taxa de juro do investimento

A taxa de juro utilizada neste estudo é a taxa de juro real. A taxa de juro real é a taxa de juro menos a inflação (taxa de juro real = taxa de juro nominal - expectativas de inflação). A relação com a taxa de investimento é negativa.

A taxa de juro é um dos factores importantes que afectam o investimento. As flutuações das taxas de juro são tidas em conta pelos investidores. Se a taxa de juro for mais baixa do que o esperado, então optar-se-á por investir o seu dinheiro em vez de o guardar no banco ou emprestar dinheiro a outros. Se os fundos de investimento forem provenientes de empréstimos de bancos ou de outras entidades com uma taxa de juro inferior à prevista, os ganhos podem ser utilizados para cobrir a taxa de juro do empréstimo.

Para determinar a relação entre as taxas de juro e o investimento pode utilizar-se o conceito de eficiência marginal do investimento ou curva MEI de (Keynes no livro A Teoria Geral) que explica que o investimento será efectuado pelo investidor se a taxa de rendibilidade do capital for maior ou igual à taxa de juro. Se a taxa de juro for superior à taxa de rendibilidade do capital, o investimento não será efectuado pelo investidor.

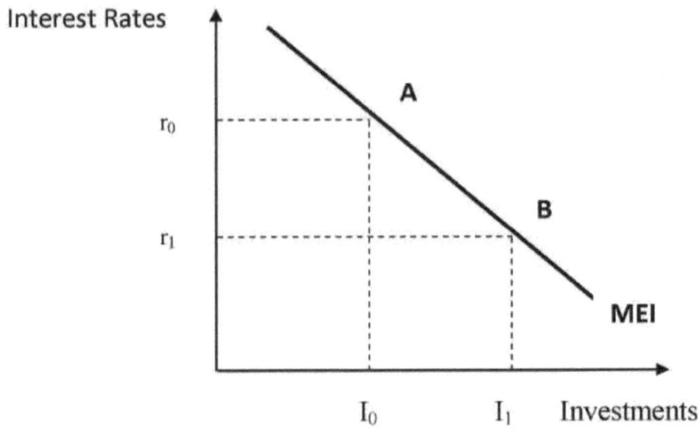

Figura 2.1 Curva de eficiência marginal do investimento

Fonte: (Sukirno, Makroekonomi Modern, 2000)

Com base na Figura 2.2, onde a curva MEI (eficiência marginal do investimento) explica que, a uma taxa de juro de r1 com a taxa de rendibilidade do capital de r1 ou mais, o montante do investimento de I1. Entretanto, se a taxa de juro aumentar em r0 e a taxa de rendibilidade do capital for igual ou superior a r0, o montante dos investimentos existentes diminui em I0. (Sukirno, Makroekonomi Modern, 2000)

2.7. Investigação anterior

Sarwedi (2002), no seu estudo intitulado "Foreign Diret Investment in Indonesia and Factors Affecting" (Investimento direto estrangeiro na Indonésia e factores que o afectam), pretende analisar os factores que afectam o montante do investimento direto estrangeiro na Indonésia. Este estudo conclui que o fator PIB, o crescimento económico e as exportações mostraram uma relação positiva e significativa para explicar os factores que influenciam o IDE na Indonésia. O custo da mão de obra e a estabilidade política, medidos pelo número de indicadores de motins ou greves ocorridos na Indonésia durante o período de estudo, apresentaram resultados negativos e significativos.

O efeito do produto interno bruto, da taxa de juro, do custo da mão de obra e do total das exportações no investimento direto estrangeiro na Indonésia (1990-2009)". O objetivo desta investigação é analisar o efeito do PIB, da taxa de juro, do custo do trabalho e do valor total das exportações no investimento direto estrangeiro na Indonésia durante 1990-2009. Esta investigação utiliza dados secundários e modelos de regressão linear múltipla com o método dos mínimos quadrados ordinários. Os resultados da investigação mostram que a taxa de juro não tem influência significativa no investimento direto estrangeiro na Indonésia, mas o PIB, o custo da mão de obra e o valor total das exportações têm um efeito significativo no investimento direto estrangeiro na Indonésia, com a=5%. O PIB e o valor total das exportações têm um efeito positivo, enquanto as taxas de juro e o custo da mão de obra têm um efeito negativo no investimento direto estrangeiro na Indonésia.

Jason Kiat (2008), no seu estudo "The effect of exchange rate and inflation on foreign direct investment and its relationship with economic growth in South Africa" (O efeito da taxa de câmbio e da inflação no investimento direto estrangeiro e a sua relação com o crescimento económico na África do Sul), determina a relação entre o influxo de IDE, o crescimento económico, a taxa de câmbio e a inflação. Foram entrevistados peritos no domínio da macroeconomia para compreender melhor estas relações e aplicá-las num contexto sul-africano. Esta investigação concluiu que o IDE acompanha o crescimento económico, mas o inverso não é conclusivo. A inflação tem um impacto negativo, enquanto o efeito da taxa de câmbio foi debatido. A razão para os fluxos de carteira para a África do Sul foi identificada na revisão da literatura e sugeriu que o sucesso da África do Sul criou a preferência pelos fluxos de carteira.

Jinping Yu e Yao Cheng (2010), no seu estudo "An Empirical Study of the Effects of RMB Exchange Rate on China's Inflows of FDI", analisam os efeitos do nível e da volatilidade da taxa de câmbio efectiva real do RMB sobre o afluxo de IDE com o processo de ajustamento do regime cambial chinês. Em particular, também examina os diferentes efeitos da taxa de câmbio sobre o IDE que procura recursos e o IDE que procura mercado. Conclui-se que (1) a apreciação esperada e a volatilidade temporária da taxa de câmbio do RMB podem estimular o afluxo de IDE a curto prazo, mas o efeito é ambíguo a longo prazo; (2) a apreciação da taxa de câmbio reduzirá o afluxo de IDE que procura recursos e aumentará o de IDE que procura o mercado; (3) o aumento da volatilidade da taxa de câmbio na China reduzirá o afluxo de IDE no futuro; (4) a apreciação da taxa de câmbio efectiva real do RMB pretende aumentar a intensidade de capital por contrato do IDE que procura recursos, mas diminuir a do IDE que procura o mercado.

Isa Salim (2006), no seu estudo "Analysis of Factors Affecting Investment In Agriculture Setor In Indonesia Period 1984-2004", analisa o efeito do crescimento económico, o índice de preços dos produtos agrícolas, as taxas de juro e as taxas de inflação estão relacionados com a venda de produtos agrícolas no estrangeiro, as taxas de câmbio de moeda estrangeira são um fator importante na determinação do nível de investimento público, sendo um bom investimento (interno) e dos investidores estrangeiros (IDE). Com base nos resultados obtidos, o crescimento da produção interna bruta, a rupia face ao dólar americano, o índice de preços dos produtos agrícolas, as taxas de juro e a inflação afectam simultaneamente o montante do investimento no sector agrícola. Enquanto as variáveis da rupia face ao dólar americano contribuíram negativamente para afetar o valor do investimento no sector agrícola.

Gery Perdana Putra Pasambe (2010) no seu estudo "Análise económica dos factores de influência do investimento direto estrangeiro na Indonésia" analisa os factores económicos que mais influenciam o investimento estrangeiro (PMA). A análise utilizada é a análise quantitativa, a análise descreve a natureza da descrição ou sob a forma de frases e dados secundários que os autores utilizaram dados obtidos a partir dos livros publicados pela instituição ou agência em causa. Os resultados mostraram após um teste estatístico para determinar o efeito das variáveis independentes simultaneamente Inflação (X1), Taxas de Juro (X2), Câmbio (X3) e o Índice Composto de Preços de Acções (X4) para a variável dependente Investimento Estrangeiro (Y), o que significa que os factores globais influenciam simultaneamente as variáveis independentes e o impacto real no investimento estrangeiro.

CAPÍTULO III

METODOLOGIA DE INVESTIGAÇÃO

3.1. Método de investigação

De acordo com (Sugiyono, Metode Penelitian Bisnis, 2007), o método de investigação pode ser definido em dois grupos principais, que são o método de investigação quantitativa e qualitativa.

1. O método de investigação quantitativo é um método de investigação que se baseia na filosofia do positivismo, utilizado para examinar a população ou uma determinada amostra, a técnica de amostragem é geralmente efectuada de forma aleatória, utilizando um instrumento de recolha de dados de investigação, a análise dos dados é estatística, a fim de testar as hipóteses que foram determinadas.
2. O método de investigação qualitativa é um método de investigação baseado na filosofia dos métodos de investigação pós-positivistas, é utilizado para examinar a condição dos objectos naturais, em que o investigador é um instrumento fundamental, a amostragem é conduzida por fontes de dados intencionais e por snowbaal, a técnica de recolha por triangulação (combinada), a análise indutiva dos dados e os resultados da investigação qualitativa realçam ainda mais o significado do que a generalização

Esta investigação será conduzida como uma abordagem de investigação quantitativa que envolve a análise de dados numéricos numa tentativa de explicar as questões observadas. Os dados numéricos serão então utilizados para provar ou refutar uma hipótese significativa. A vantagem de utilizar o método quantitativo para o investigador é que é mais controlável e mais fiável para testar a correlação entre variáveis.

Esta investigação irá testar hipóteses que visam compreender certas relações que existem entre variáveis num determinado momento. O objetivo da investigação quantitativa é desenvolver e utilizar modelos matemáticos, teorias e/ou hipóteses relativas a fenómenos naturais.

3.2. Quadro de investigação

O quadro de investigação é um diagrama ou um gráfico que descreve os métodos utilizados neste estudo. O quadro de investigação do presente documento pode ser visto na figura 3.1 abaixo:

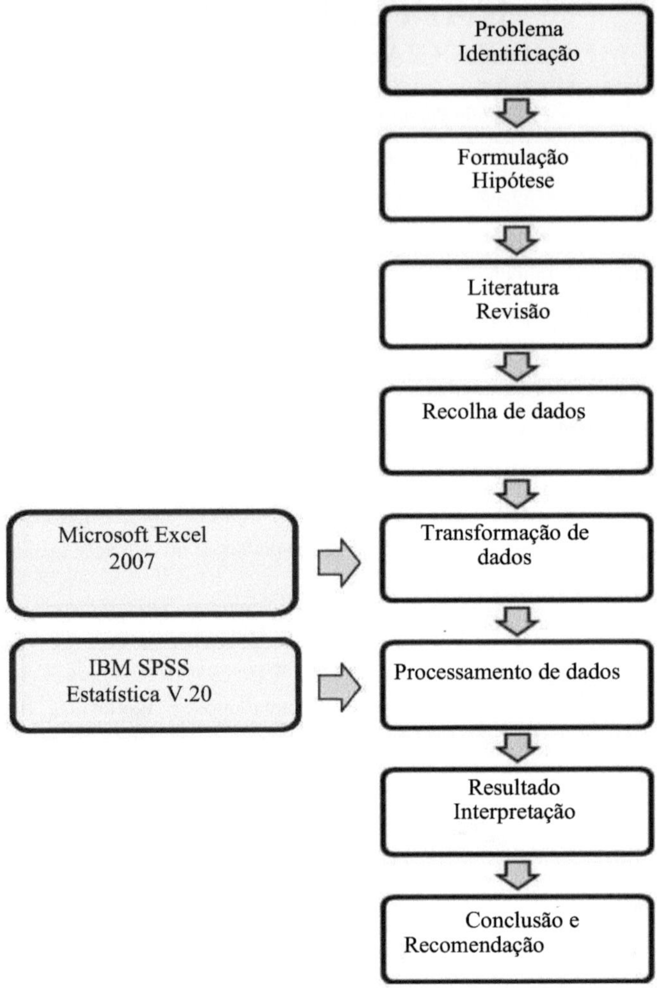

Figura 3.1 Quadro de investigação

Fonte: Construído pelo Investigador

3.3. Tempo e local de investigação

A investigação será realizada utilizando dados secundários e a variável desta tese é a exportação, a taxa de câmbio e as taxas de juro que influenciam o investimento direto estrangeiro no sector mineiro. Os dados desta pesquisa começaram de janeiro de 2009 a agosto de 2012 e a observação total é de 44 dados mensais. A investigação teve início em setembro de 2012 e terminou em janeiro de 2013. O investigador realizou esta investigação no Gabinete do Conselho de Coordenação do Investimento da Indonésia, na Biblioteca Nacional e na Biblioteca da Universidade Presidencial.

3.4. Instrumento de investigação

O instrumento de investigação descreverá os procedimentos e ferramentas utilizados pelos investigadores para recolher e analisar os dados.

3.4.1 Método de recolha de dados

Existem duas categorias diferentes de recolha de dados, que são os dados primários e os dados secundários. (Kothari, 2004) Os dados primários são aqueles que são recolhidos de novo e pela primeira vez, pelo que têm um carácter original. Os dados secundários, por outro lado, são aqueles que já foram recolhidos por outra pessoa e que já passaram pelo processo estatístico.

Segundo Kothari, os dados secundários podem também ser obtidos a partir de dados publicados ou não publicados. Normalmente, os dados publicados estão disponíveis em: (a) várias publicações dos governos central, estatal e local; (b) várias publicações de governos estrangeiros ou de organismos internacionais e das suas organizações subsidiárias; (c) jornais técnicos e comerciais; (d) livros, revistas e jornais; (e) relatórios e publicações de várias associações ligadas ao comércio e à indústria, bancos, bolsa de valores, etc.; (f) relatórios preparados por investigadores, universidades, economistas, etc., em diferentes domínios; (g) registos públicos e estatísticas, documentos históricos e outras fontes de informação publicada. As fontes de dados não publicados são muitas, podendo ser encontradas em diários, cartas, biografias e autobiografias não publicadas e também podem estar disponíveis junto de académicos e investigadores, associações comerciais, gabinetes de trabalho e outros indivíduos e organizações públicas/privadas.

A investigação será efectuada com base em dados secundários: Investimento direto estrangeiro no sector mineiro, solicitado por correio eletrónico em 2 de novembro dend , 2012 ao Investment Coordinating Board Indonesia; sector mineiro de exportação, recolhido em 9 de novembro deth , 2012 no sítio Web do Ministério do Comércio da República da Indonésia; taxas de câmbio e taxas de juro recolhidas em 18 de novembro deth , 2012 no sítio Web do Banco da Indonésia.

3.4.2 Instrumento de análise de dados

São várias as ferramentas que o autor utiliza nesta investigação para o ajudar a processar os dados:

1. IBM Statistics 20.0

   O SPSS é um software estatístico para Windows. É utilizado para analisar os dados, a fim de descobrir e analisar a correlação entre duas variáveis e efetuar o teste de normalidade, o teste de auto-correlação e outras análises e testes necessários para esta investigação. Em seguida, a conclusão pode ser tirada através da descrição do resultado do teste utilizando Pearson (R), quer para aceitar ou rejeitar a hipótese.

2. Microsoft Excel 2007

   O Microsoft Excel ajuda o investigador a construir os dados do sector mineiro do IDE, do sector mineiro das exportações, das taxas de câmbio e das taxas de juro por mês em forma de tabelas para facilitar o acompanhamento do movimento dos dados pelo investigador.

3.5. Conceção da amostragem

A conceção da amostragem explicará o método utilizado para obter a amostra e o tratamento estatístico utilizado para essas amostras.

3.5.1 Técnica de amostragem

O investigador utiliza séries cronológicas de dados (2009-agosto de 2012) de várias instituições governamentais;

1. O IDE no sector mineiro da Indonésia (dados trimestrais - USD) foi solicitado ao Investment Coordinating Board. Em seguida, o investigador converteu os dados trimestrais em dados mensais,
2. Exportações do sector mineiro (US$) na Indonésia, dados do sítio Web do Ministério do Comércio da República da Indonésia e copiados para o Microsoft Excel 2007,
3. Taxas de câmbio (USD/IDR) recolhidas no sítio Web do Banco da Indonésia e copiadas para o Microsoft Excel 2007,
4. Taxas de juro (%) recolhidas junto do Banco da Indonésia e copiadas para o Microsoft Excel 2007.

3.6. Tratamento estatístico

Ao efetuar a investigação, foram utilizados dois instrumentos principais para processar a recolha de dados: Ms. Excel e SPSS. No Ms. Excel, os dados numéricos brutos serão processados antes de serem introduzidos no SPSS. Neste estudo, será utilizada a análise de correlação.

É importante garantir que o instrumento desenvolvido pelo investigador para medir um determinado conceito mede efetivamente a variável com precisão, ou seja, que o investigador mede com precisão o conceito que pretende medir (Bougie, 2009). O método estatístico utilizado para analisar os dados nesta investigação é a Análise de Regressão Múltipla.

Antes de o investigador efetuar a análise de regressão múltipla, é necessário testar os pressupostos clássicos, a fim de estimar uma equação de regressão múltipla imparcial e eficiente. Há alguns critérios de elegibilidade dos pressupostos clássicos que têm de ser cumpridos:

1. **Teste de normalidade**

   Um teste de normalidade é utilizado para determinar se os dados da amostra foram retirados de uma população normalmente distribuída (dentro de uma certa tolerância). Uma abordagem informal para testar a normalidade consiste em comparar um histograma dos resíduos com uma curva de probabilidade normal. A distribuição real dos resíduos (o histograma) deve ser em forma de sino e assemelhar-se à distribuição normal. Isto pode ser difícil de ver se a amostra for pequena. Neste caso, pode proceder-se à regressão dos resíduos medidos em relação a uma distribuição normal com a mesma média e variância que a amostra. Se a regressão produzir uma linha aproximadamente reta, então pode assumir-se que os resíduos têm uma distribuição normal.

2. **Teste de heterocedasticidade**

Um teste simples de heterocedasticidade num modelo de regressão linear é desenvolvido utilizando a estrutura do teste do multiplicador lagrangiano. (Pagan, 1979). Em contrapartida, uma sequência de variáveis aleatórias é denominada homoscedástica. Quando é homocedástica, não há que questionar o pressuposto de variância constante de Y para o valor de X. A homocedasticidade não é necessária para que as estimativas sejam imparciais, consistentes e assintoticamente normais. Para investigar a relação entre variáveis, é útil observar o gráfico dos dados. Este gráfico é frequentemente designado por diagrama de dispersão ou gráfico de dispersão.

3. **Teste de multicolinearidade**

A multicolinearidade é um fenómeno estatístico em que duas ou mais variáveis independentes num modelo de regressão múltipla estão altamente correlacionadas (Bougie, 2009). No seu caso mais grave (se a correlação entre duas variáveis independentes for igual a 1 ou -1), a multicolinearidade torna a estimativa dos coeficientes de regressão pouco fiável. A forma mais simples e mais óbvia de detetar a multicolinearidade é verificar a matriz de correlação das variáveis independentes. A presença de correlações elevadas (a maioria das pessoas considera elevadas as correlações de 0,70 e superiores) é um primeiro sinal de multicolinearidade considerável. No entanto, quando a multicolinearidade resulta de uma relação complexa entre várias variáveis independentes, pode não ser revelada por esta abordagem. Por conseguinte, as medidas mais comuns para identificar a multicolinearidade são o valor de tolerância e o fator de inflação da variância (VIF - o inverso do valor de tolerância). Estas medidas indicam o grau em que uma variável independente é explicada por outras variáveis independentes. Um valor de corte comum é um valor de tolerância de 0,10, que corresponde a um VIF de 10.

4. **Teste de autocorrelação**

Muitas vezes, e especialmente com dados de séries temporais, os dados estão correlacionados consigo próprios, estão correlacionados com os seus valores desfasados. Um valor desfasado é o valor dos dados um ou mais períodos de tempo anteriores ao período de tempo atual. Por exemplo, as vendas neste período de tempo estão relacionadas com as vendas no período de tempo anterior. A correlação entre os valores desfasados e os dados que os compõem é designada por auto-correlação. (kenneth d lawrence, 2009)

(Porter, 2012) também disse que a presença de autocorrelação no OLS (Ordinary Least

Squares) tem consequências, que são: o OLS estimado ainda é linear, imparcial, também consistente e normalmente distribuído assintoticamente, mas os estimadores não são mais eficientes (tendo a menor variância). E (Widjarjono, 2009) afirmou que, se a variância não for a mínima, o cálculo do erro-padrão do OLS já não é credível. Além disso, a estimativa por intervalos e os testes de hipóteses baseados na distribuição de t e F já não são fiáveis para avaliar os resultados da regressão. A existência de autocorrelação da variável dependente com ela própria pode ser demonstrada pelo valor de Durbin-Watson, cujo intervalo de tolerância se situa entre -2 e 2.

3.7. Análise de regressão múltipla

A análise de regressão múltipla é uma técnica estatística que permite prever a variação da variável dependente através da regressão da variável independente em relação à mesma. A análise de regressão múltipla é utilizada em situações em que se pressupõe que mais duas ou mais variáveis independentes afectam uma variável dependente. A análise de regressão múltipla fornece um meio de avaliar objetivamente o grau e o carácter da relação entre as variáveis independentes e as variáveis dependentes. Os coeficientes de regressão são posteriormente utilizados para indicar a importância relativa de cada uma das variáveis independentes na previsão da variável dependente. (Bougie, 2009)
A equação do modelo utilizado nesta investigação pode ser explicada da seguinte forma

$$Y = \beta_0 + \beta_1 X_1 + \beta_2 X_2 + \beta_3 X_3$$

Onde:

Y = Investimento direto estrangeiro Setor mineiro

β_0= Constante

β_1= coeficiente de regressão de X1
X1 = Pontuação da dimensão do sector mineiro de exportação

β_2= coeficiente de regressão X2
X2 = Pontuação da dimensão das taxas de câmbio

β_3= Coeficiente de regressão X3
X3 = Pontuação da dimensão das taxas de juro

3.8. Teste de hipóteses

3.8.1 . Coeficiente de correlação (R)

O coeficiente de correlação (também conhecido como coeficiente de correlação de Pearson) é utilizado para descrever a força e a direção da relação linear entre duas variáveis, dependendo do nível de medição das variáveis. De acordo com (Sugiyono, Metode Penelitian Bisnis, 2007), independentemente de se utilizar o coeficiente de correlação paramétrico ou não paramétrico, este varia normalmente entre 0,0 e 1,0 ou entre 0,0 e -1,0. O sinal de mais ou menos à frente do coeficiente de correlação indica se a correlação é positiva ou negativa (inversa), como se mostra no quadro 3.1. O facto de ter um sinal de menos não significa que a correlação seja mais fraca. Apenas mostra que as variáveis estão inversamente relacionadas.

Tabela 3.1. Interpretação do coeficiente de correlação

Coeficiente	Correlação	Significado
0.00> 0.20	Ligeira correlação	Relação quase negligenciável
0.20 - 0.40	Baixa correlação	Relação definida, mas pequena
0.40 - 0.70	Correlação moderada	Relação substancial
0.70 - 0.90	Correlação elevada	Relação marcada
0.90 - 1.00	Correlação muito elevada	Relação muito fiável

Fonte: (Sugiyono, Metode Penelitian Bisnis, 2007)

3.8.2 . Coeficiente de determinação múltipla $(R)^2$

O coeficiente de determinação múltipla na regressão múltipla é definido como a proporção da variação na variável dependente que é explicada ou contabilizada pela covariação nas variáveis independentes (Gilbert A. Churchill, 2009). A partir do cálculo de R, podemos ver que a relação entre a variável independente (X1, X2, X3) e a variável dependente (Y) é positiva ou negativa. Entretanto, os determinantes são utilizados para ver a contribuição das variáveis independentes (X1, X2, X3) na explicação da variável dependente (Y).

3.8.3 Teste F

Teste de significância para saber se as variáveis independentes têm influência significativa na variável dependente simultaneamente, então a equação pode ser descrita da seguinte forma (Sugiyono, Metode Penelitian Bisnis, 2007)

$$Fh = \frac{R^2/k}{(1-R^2)/(n-k-1)}$$

Onde: R = Coeficiente de correlação múltipla k = Número de variáveis independentes n = Número de amostras

Eis o passo a passo para efetuar o teste F:

1. Formulação de hipóteses:

H0 = $\beta 1 = \beta 2 = \beta 3 = 0$, significa que, simultaneamente, os factores independentes variáveis (X1, X2, X3) não têm influência significativa na variável dependente (Y).

Ha = $\beta 1 \neq \beta 2 \neq \beta 3 \neq 0$, significa que, simultaneamente, os factores independentes variáveis (X1, X2, X3) têm influência significativa na variável dependente (Y).

2. Determinar o valor da tabela F com 5% de significância Tabela F = $F\alpha$;

   numerador;denumerador
   = 0,1;k-1;n-k

3. Critérios de aceitação:

H0 aceite se F count < F table a κ = 5%

Ha aceite se F count > F table a " = 5%

3.8.4 Teste T

Teste de significância para saber se as variáveis independentes têm ou não influência significativa na variável dependente simultaneamente, então a equação pode ser descrita da seguinte forma

$$t = \frac{r\sqrt{n-2}}{\sqrt{1-r^2}}$$

Onde: t = Teste de hipóteses

r = Coeficiente de regressão

n = Número de amostras

Eis o passo a passo para efetuar o teste T:

1. Formulação de hipóteses:

H0 = $\beta 1 = \beta 2 = \beta 3 = 0$, significa que parcialmente as variáveis independentes (X1, X2, X3) não têm influência significativa na variável dependente (Y).

Ha = $\beta 1 \neq \beta 2 \neq \beta 3 \neq 0$, significa que parcialmente as variáveis independentes (X1, X2, X3) têm uma influência significativa na variável dependente (Y).

2. Determinar o valor da tabela F com 5% de significância

   = $T(\alpha/2;n\text{-}k\text{-}1)$

   Mesa T = T 0.05;n-k-1

3. Critérios de aceitação:

H0 aceite se F count < F table em α = 5%

Ha aceite se a contagem F > tabela F em α = 5%

CAPÍTULO IV
ANÁLISE DE DADOS E INTERPRETAÇÃO DE RESULTADOS

4.1. Análise da recolha de dados

4.1.1. Investimento direto estrangeiro no sector mineiro

Como referido no contexto do estudo, o investimento direto estrangeiro está a flutuar e a aumentar ano após ano, e o instrumento de investimento também varia, pelo que é muito importante compreender todos os aspectos do instrumento de investimento direto estrangeiro que escolhemos e também os factores que o podem afetar. O investigador recolheu os dados do IndonesiaInvestment Coordinating Board (BKPM) por correio eletrónico de janeiro de 2009 a agosto de 2012, e os dados que o investigador recolheu estão resumidos na forma mensal que o investigador obtém a partir do cálculo da divisão do investimento direto estrangeiro trimestral no sector mineiro em dados mensais. Os dados estão resumidos na tabela abaixo.

Quadro 4.1 Investimento direto estrangeiro no sector mineiro

Período	IDE Setor mineiro (US$)			
	2009	2010	2011	2012
Jan	13,233,800	203,349,000	349,258,033	360,862,767
Fev	13,233,800	203,349,000	349,258,033	360,862,767
Mar	13,233,800	203,349,000	349,258,033	360,862,767
abril	31,083,333	211,201,100	496,441,233	338,578,267
maio	31,083,333	211,201,100	496,441,233	338,578,267
Jun	31,083,333	211,201,100	496,441,233	338,578,267
Jul	10,387,300	232,295,533	291,622,233	352,828,667
agosto	10,387,300	232,295,533	291,622,233	352,828,667
setembro	10,387,300	232,295,533	291,622,233	-
outubro	2,990,967	86,670,400	69,084,567	-
Nov	2,990,967	86,670,400	69,084,567	-
Dez	2,990,967	86,670,400	69,084,567	-

Fonte: Conselho de Coordenação de Investimentos da Indonésia 2012

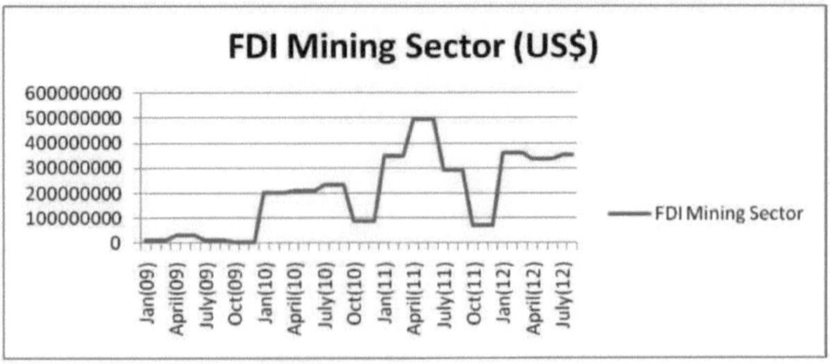

Figura 4.1 IDE Setor mineiro

Fonte: Conselho de Coordenação de Investimentos da Indonésia 2012

Com base na Tabela 4.1 sobre o montante do investimento direto estrangeiro no sector mineiro na Indonésia no período 2009-2012, verifica-se que o IDE mais elevado no sector mineiro ocorreu em abril de 2011 e o mais baixo no final de 2009. Como se pode ver na Figura 4.1, em 2009, o IDE no sector mineiro foi baixo e estável, rondando os 10 387 300 USD, tendo diminuído no final do ano. No início de 2010 aumentou rapidamente até US$ 232.295.533 (julho) e caiu em outubro. No início de 2011 o IDE do sector mineiro recuperou tal como no ano anterior. Em julho de 2011, o número de IDE no sector mineiro diminuiu rapidamente para US$ 69.084.567 até ao final do ano. Em 2012, o IDE do sector mineiro subiu em janeiro para 360 862 767 dólares e manteve-se estável em torno desse valor.

4.1.2. Setor mineiro de exportação

A exportação é um indicador que mostra o número de mercadorias transportadas do país de origem para o país de acolhimento. O sector mineiro de exportação é um dos quatro sectores categorizados pelo Ministério do Comércio da República da Indonésia. O investigador recolheu os dados do website do Ministério do Comércio da República da Indonésia de janeiro de 2009 a agosto de 2012, e os dados que o investigador recolheu estão resumidos mensalmente. Os dados estão resumidos na tabela abaixo:

Quadro 4.2 Setor mineiro de exportação

Período	Exportação Setor mineiro (US$)			
	2009	2010	2011	2012
Jan	1,014,800,000	2,173,600,000	2,307,800,000	2,653,900,000
Fev	746,800,000	2,002,100,000	2,484,400,000	2,480,700,000
Mar	1,650,600,000	2,520,800,000	2,675,000,000	3,028,500,000
abril	1,277,300,000	1,960,700,000	2,193,400,000	2,958,400,000
maio	1,528,600,000	2,123,900,000	2,880,700,000	3,013,100,000

Jun	1,434,000,000	1,975,700,000	3,215,000,000	2,390,600,000
Jul	2,095,300,000	2,152,800,000	3,315,700,000	2,318,600,000
agosto	1,890,000,000	2,240,900,000	2,921,900,000	2,146,500,000
setembro	2,002,100,000	2,213,200,000	3,235,400,000	-
outubro	2,094,100,000	1,589,200,000	3,282,500,000	-
Nov	1,707,500,000	2,840,500,000	2,950,400,000	-
Dez	2,251,200,000	2,862,100,000	3,189,800,000	-

Fonte: Sítio Web do Ministério do Comércio da República da Indonésia (2012)

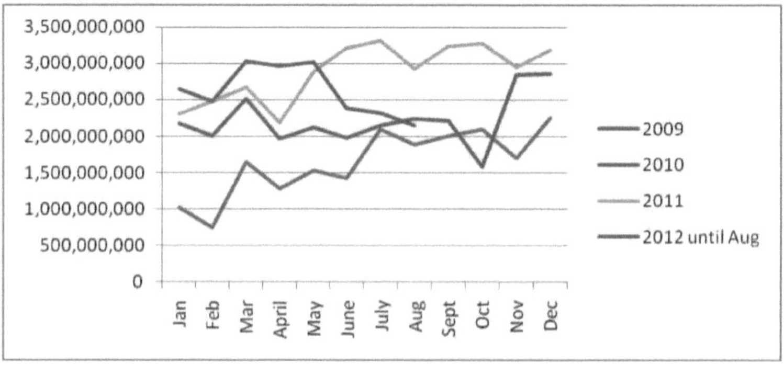

Figura 4.2 Exportação do sector mineiro (US$)

Fonte: Sítio Web do Ministério do Comércio da República da Indonésia (2012)

De acordo com a Tabela 4.2, o valor mais elevado foi de 3 315 700 000 USD em julho de 2011 e o mais baixo de 746 800 000 USD em fevereiro de 2009. E com base na figura 4.2, o número de exportações do sector mineiro em 2009 foi flutuante e crescente até atingir o ponto mais alto de 2 251 200 000 USD em dezembro. E a condição do ano seguinte foi de estagnação até setembro e queda em outubro de US$ 1.589.200.000. Como se vê, em 2011, o número de exportações mineiras foi superior ao do ano anterior, até atingir o ponto mais alto em julho de 2011. Em 2012, as tendências de exportação de minérios tentaram aumentar, mas ficaram fracas em maio de 2012. O pesquisador resume que a figura 4.2 foi flutuante e aumentou lentamente durante 2009-2012.

4.1.3. Taxa de câmbio

Para realizar esta investigação, o investigador utiliza o câmbio médio do sítio Web do Banco da Indonésia. O investigador recolheu os dados do sítio Web do Banco da Indonésia de janeiro de 2009 a agosto de 2012, sendo os dados relativos às taxas de câmbio apresentados no quadro seguinte:

Quadro 4.3 Taxas de câmbio

Período	**Taxas de câmbio (IDR)**			
	2009	**2010**	**2011**	**2012**

Jan	11,355	9,365	9,057	9,000
Fev	11,980	9,335	8,823	9,085
Mar	11,575	9,115	8,709	9,180
abril	10,713	9,012	8,574	9,190
maio	10,340	9,180	8,537	9,565
Jun	10,225	9,083	8,597	9,480
Jul	9,920	8,952	8,508	9,485
agosto	10,060	9,041	8,578	9,560
setembro	9,681	8,924	8,823	-
outubro	9,545	8,928	8,835	-
Nov	9,480	9,013	9,170	-
Dez	9,400	8,991	9,068	-

Fonte: Banco da Indonésia 2012

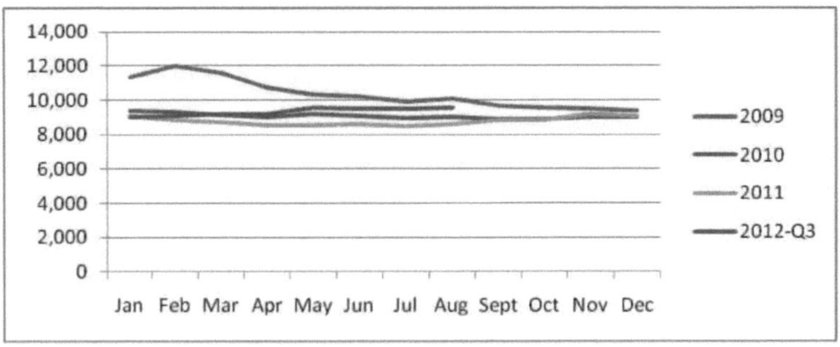

Figura 4.3Taxas de câmbio (IDR)

Fonte: Banco da Indonésia 2012

Como mostra a Tabela 4.3, a taxa de câmbio média da Indonésia registada pelo Banco da Indonésia tem a taxa de câmbio mais elevada de IDR 11.980 em fevereiro de 2009 e a mais baixa de IDR 8.508 em julho de 2011. De acordo com a figura 4.3, a Indonésia registou uma volatilidade moderada entre 2009 e 2012. Em 2009, a tendência das taxas de câmbio foi de valorização. E no ano seguinte, até 2012, manteve-se estável entre IDR 10.000 e IDR 8.500.

4.1.4. Taxa de juro

Nesta investigação, o investigador utiliza a taxa de juro real do Banco da Indonésia ou a taxa BI. A taxa BI é a taxa de juro que reflecte a atitude ou a política monetária definida pelo Banco da

Indonésia e anunciada ao público. A taxa BI é anunciada pelo Conselho de Governadores do Banco da Indonésia em cada reunião mensal do Conselho de Governadores e aplicada nas operações monetárias efectuadas pelo Banco da Indonésia através da gestão da liquidez. O investigador recolheu os dados do sítio Web do Banco da Indonésia de janeiro de 2009 a agosto de 2012. Os dados relativos às taxas de juro são apresentados no quadro seguinte:

Quadro 4.4 Taxa de juro real

Período	Taxa de juro real (%)			
	2009	**2010**	**2011**	**2012**
Jan	8.75	6.50	6.50	6.00
Fev	8.25	6.50	6.75	5.75
Mar	7.75	6.50	6.75	5.75
abril	7.5	6.50	6.75	5.75
maio	7.25	6.50	6.75	5.75
Jun	7.00	6.50	6.75	5.75
Jul	6.75	6.50	6.75	5.75
agosto	6.50	6.50	6.75	5.75
setembro	6.50	6.50	6.75	-
outubro	6.50	6.50	6.50	-
Nov	6.50	6.50	6.00	-
Dez	6.50	6.50	6.00	-

Fonte: Banco da Indonésia 2012

A influência das taxas de juro no investimento é explicada pela ideia dos economistas clássicos de que o investimento é uma função da taxa de juro. Se a taxa de juro for elevada, a disponibilidade para investir também é reduzida. Um investidor aumentará as despesas de investimento quando o benefício esperado do investimento for superior à taxa de juro.

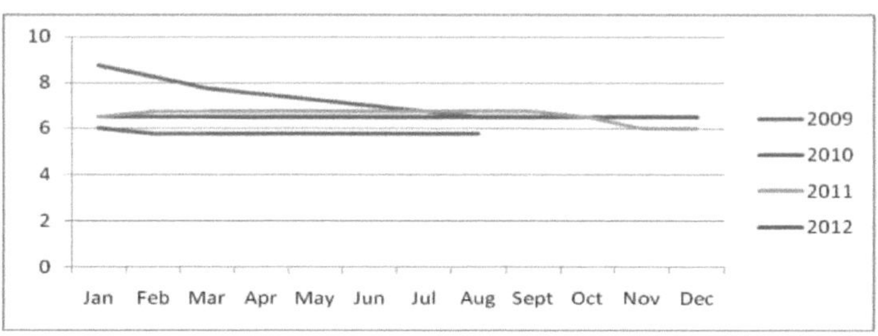

Figura 4.4 Taxas de juro (%)

Fonte: Banco da Indonésia 2012

Como mostra o Quadro 4.4, as taxas de juro da Indonésia atingiram o valor mais elevado de 8,75% no início de 2009 e o mais baixo de 5,75% entre fevereiro e agosto de 2012. Durante o ano de 2009, as taxas de juro foram diminuindo e, após 2009, registaram uma baixa flutuação. Em 2010 e até 2012, as taxas de juro variaram entre 5,75 % e 6,75%. O investigador resume que a taxa de juro durante 2009 até 2012 está a diminuir e depois estabiliza, mas ainda flutua.

4.2. Estatística descritiva das variáveis

A estatística descritiva é efectuada para obter resultados de cálculo da média e do desvio padrão para as variáveis independentes e dependentes. Na análise dos dados, o investigador utiliza dados mensais de cada uma das variáveis (IDE Setor Mineiro, Exportação Mineira, Taxas de Câmbio, Taxas de Juro) para o período compreendido entre janeiro de 2009 e agosto de 2012, como mostra a tabela na parte anterior. A variável estatística descritiva da pesquisa será descrita abaixo usando o SPSS Statistics 20.0.

Tabela 4.5 Estatísticas descritivas das variáveis dependentes e independentes

Estatísticas descritivas

	Média	Desvio Std. Desvio	N
IDE_Mineração_Sector	199928021.20	155939137.462	44
Setor da extração mineira	2317956818.18	621414127.128	44
Taxas de câmbio	9387.20	784.875	44
Taxas_de_juros	6.5682	.62030	44

Fonte: Dados primários, processados em 2012

Como podemos ver na tabela acima, as variáveis dependentes, que é o IDE Setor Mineiro, das 44 amostras processadas, o IDE Setor Mineiro tem uma média ou valor médio de 199.928.021,20 com o desvio padrão de 155.939.137,462. Já os resultados das variáveis independentes são: Exportação Setor Mineral tem média de 2.317.956.818,18e desvio padrão de 621.414.127,128; Taxa de Câmbio tem média de 9.387,20 com desvio padrão de 784,875; e Taxa de Juros tem média de 6,5682e desvio padrão de 0,62030.

4.3. Resultado do teste de hipóteses

O teste de pressupostos que será efectuado nesta investigação para este modelo de correlação é o teste de pressupostos clássicos que inclui: teste de normalidade, teste de multicolinearidade, teste de heterocedasticidade e teste de autocorrelação.

4.3.1. Teste de normalidade

O teste de normalidade tem por objetivo testar se o modelo de regressão, a confusão residual ou a variável residual têm ou não uma distribuição normal (Ghozali, 2005). Existem duas formas de detetar se os resíduos têm ou não uma distribuição normal, através da análise gráfica e da análise estatística.

a. Análise gráfica

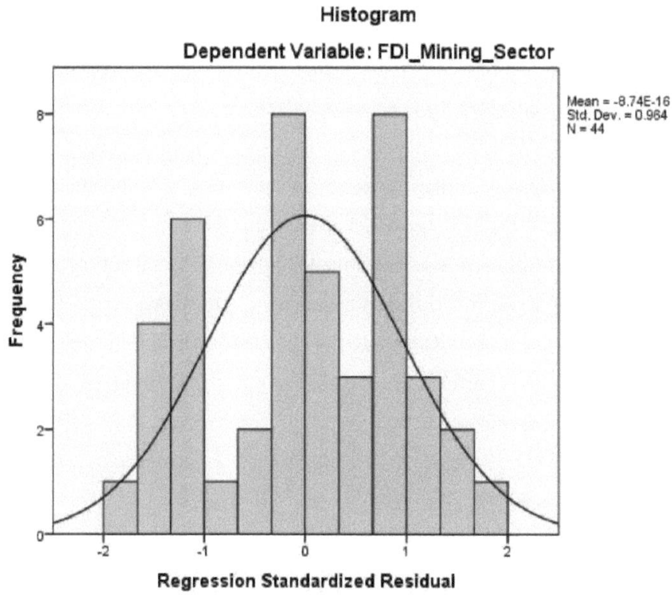

Figura 4.5 Gráfico de histograma

Fonte: Dados Primários, Processados pelo SPSS V.20

De acordo com o histograma apresentado acima, podemos concluir que o histograma apresenta um padrão de distribuição normal (simétrico/não enviesado). Isto mostra que o modelo de regressão cumpre os pressupostos da normalidade.

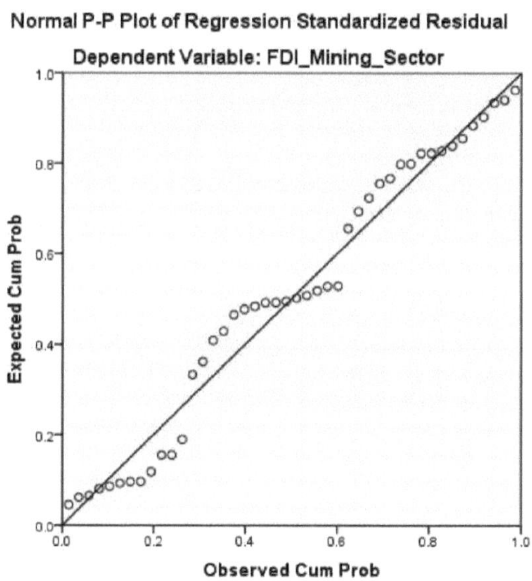

Figura 4.6 Gráfico de probabilidade normal

Fonte: Dados Primários, Processados pelo SPSS V.20

A partir dos gráficos de probabilidade normal mostrados acima, os pontos estão espalhados em torno da linha diagonal e seguem a linha diagonal. Isto também mostra que o modelo de regressão cumpre o teste de normalidade.

b. Análise estatística

A normalidade com gráficos pode ser enganadora se visualmente não parecer normal, mas estatisticamente o resultado pode ser diferente (Ghozali, 2005). Por conseguinte, nesta investigação, o teste gráfico é acompanhado de um teste estatístico. O teste estatístico utilizado para o teste de normalidade nesta investigação é um teste estatístico não paramétrico de Kolmogorov-Smirnov (KS). O teste K-S é efectuado através de critérios de teste:

1. Se o valor de significância (*Asymp.Sig.*) > 0,05, então os dados residuais são normalmente distribuídos.
2. Se o valor de significância (*Asymp.Sig.*) < 0,05, então os dados residuais não têm uma distribuição normal.

Tabela 4.6 Teste não paramétrico de Kolmogorov-Smirnov

Teste de Kolmogorov-Smirnov de uma amostra

		Não padronizado Residual
N		44
	Média	-1E-7
Parâmetros normais[3,13]	Desvio Std. Desvio	123734730.105
		15146
	Absoluto	.104
Diferenças mais extremas	Positivo	.104
	Negativo	-.100
Kolmogorov-Smirnov Z		.688
Assymp. Sig. (bicaudal)		.730

a. A distribuição do teste é Normal.

b. Calculado a partir dos dados.
Fonte: Dados Primários, Processados pelo SPSS V.20

De acordo com o resultado do teste K-S acima, verifica-se que o valor de significância (*Asymp.Sig*) é 0,730, o que significa que é superior a 0,05. Assim, podemos concluir que os dados residuais têm uma distribuição normal. O resultado desta análise estatística é consistente com os resultados da análise gráfica do teste de normalidade anterior. Isto mostra que o modelo de regressão nesta investigação tem uma distribuição normal.

4.3.2. Teste de multicolinearidade

O objetivo do teste de multicolinearidade é testar se as variáveis independentes neste modelo de regressão estão ou não correlacionadas entre si. Num bom modelo de regressão, a correlação entre as variáveis independentes não deve ocorrer (Bougie, 2009). A multicolinearidade pode ser verificada a partir do valor *de tolerância* e do valor *do fator de inflação da variância* (VIF). Se o valor *de tolerância* for superior a 0,10 ou se o valor VIF for inferior a 10, pode concluir-se que não existe multicolinearidade entre as variáveis independentes no modelo de regressão da investigação.

Tabela 4.7 Tolerância e valor VIF

Coeficientesa

Modelo	Estatísticas de colinearidade	
	Tolerância	VIF
(Constante)		
Exportação Setor mineiro 1	.403	2.481
Taxas de câmbio	.377	2.654
Taxas_de_juros	.555	1.800

a. Variável dependente: IDE_Sector mineiro
Fonte: Dados Primários, Processados pelo SPSS V.20

Se virmos o cálculo da Tabela 4.7 acima, verifica-se que não existem variáveis independentes com um valor *de tolerância* inferior a 0,10 (*Tolerância* > 0,10), o que significa que não existe correlação entre as variáveis independentes. O resultado do cálculo do *Fator de Inflação da Variância* (VIF) também mostra o mesmo resultado, nenhuma das variáveis independentes tem um valor VIF superior a 10 (VIF < 10). Com base nos resultados *da Tolerância* e do VIF, podemos concluir que não existe multicolinearidade entre as variáveis independentes neste modelo de regressão da investigação.

4.3.3. Teste de heterocedasticidade

O teste de heterocedasticidade é utilizado para testar se ocorrem desigualdades no modelo de regressão entre a variância residual de uma observação e as outras observações (Ghozali, 2005). Se a variância do resíduo de uma observação para as outras observações for constante, chama-se homocedasticidade, e se for diferente, chama-se heterocedasticidade. Um bom modelo de regressão é aquele que é homocedástico ou quando não ocorre heterocedasticidade. Nesta investigação, o investigador utilizou o diagrama *de dispersão* para testar se a heterocedasticidade neste modelo de regressão ocorre ou não. O truque é olhar para o gráfico de dispersão. Se houver um padrão particular, como os pontos existentes que formam um padrão regular (ondulado, alargado e depois estreitado), foi indicada a heterocedasticidade. E se não houver um padrão claro, e os pontos se espalharem acima e abaixo do 0 no eixo Y, então a heterocedasticidade não acontece (homocedasticidade).

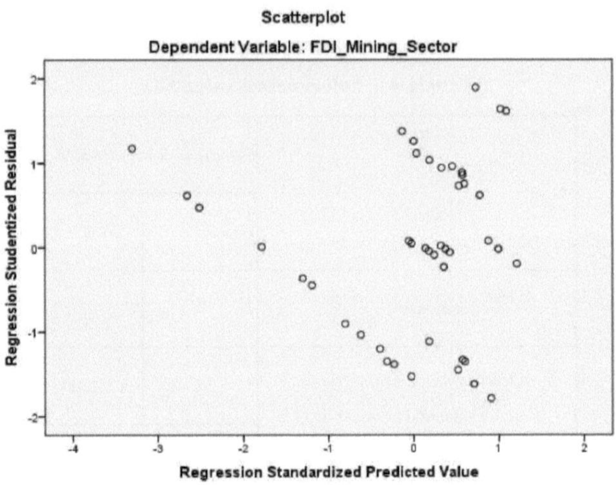

Figura 4.7 Gráfico de dispersão

Fonte: Dados Primários, Processados pelo SPSS V.20

A partir do gráfico de dispersão acima, podemos ver que não se formou um padrão específico e que os pontos estão a espalhar-se abaixo e acima de 0 no eixo Y. Pode concluir-se que a heterocedacidade não se verifica no modelo de regressão.

4.3.4. Teste de autocorrelação

O teste de autocorrelação é utilizado para testar a correlação entre as variáveis da série cronológica de dados. (Sunyoto, 2011) Se ocorrer autocorrelação, a amostra não pode mostrar a sua variância da população e, consequentemente, não pode ser utilizada para prever o valor da variável dependente em relação à variável independente. Além disso, a estimativa por intervalos e os testes de hipóteses baseados na distribuição de t e F deixam de ser fiáveis para avaliar os resultados da regressão. A existência de autocorrelação da variável dependente com ela própria pode ser demonstrada a partir do valor de Durbin-Watson, cujo intervalo de tolerância se situa entre -2 e 2. E para decidir se existe ou não autocorrelação baseia-se em:

1. Autocorrelação positiva se o valor de DW for -2 ou (DW<-2)
2. Ausência de autocorrelação entre -2 e +2 ou -2 < DW < +2
3. Autocorrelação negativa se o valor de DW for +2 (DW > +2)

Tabela 4.8 Teste de Durbin-Watson

Resumo do modelob

Modelo	R	R Quadrado	Quadrado R ajustado	Erro Std. do Estimativa	Durbin-Watson
1	.609a	.370	.323	128290898.710	.585

a. Preditores: (Constante), Taxas_de_juros, Sector_Mineração_exportação, Taxas_de_Câmbio
b. Variável dependente: IDE_Sector mineiro
Fonte: Dados Primários, Processados pelo SPSS V.20

Com base no resultado acima, verifica-se que o valor de DW é 0,585. E porque o valor de DW contado está entre -2 e +2 ou -2 < DW < +2, podemos concluir que não existe autocorrelação neste modelo de regressão. Assim, o modelo de regressão pode ser usado para verificar se as variáveis independentes: Setor Mineiro Exportador, Taxas de Câmbio, Taxa de Juro têm impacto no Investimento Direto Estrangeiro no sector mineiro.

4.4. Análise de regressão múltipla

A partir dos testes de análise de regressão múltipla, obtêm-se os seguintes resultados: coeficiente de regressão, valor t contado e nível de significância, como se pode ver no quadro seguinte:

Tabela 4.9 Resultado da análise de regressão múltipla

Coeficientesa

Modelo	Coeficientes não padronizados		Normalizado Coeficientes	T	Sig.
	B	Erro Std.	Beta		
Constante)	1053761728.208	480414182.643		2.193	.034
Setor da extração mineira	.036	.050	.142	.721	.475
Taxas de câmbio	-92139.813	40607.371	-.464	-2.269	.029

Taxas_de_juros	-10923488.605	42317757.803	-.043	-.258	.798

a. Variável dependente: IDE_Sector mineiro
Fonte: Dados Primários, Processados pelo SPSS V.20

Este estudo utilizou um teste de regressão com resultados padronizados devido ao tamanho das variáveis independentes (Setor Mineiro de Exportação, Taxas de Câmbio e Taxas de Juro) que têm medidas diferentes. A vantagem de se utilizar resultados de regressão padronizados é a possibilidade de eliminar as diferenças nas unidades de medida das variáveis independentes. Além disso, os resultados do teste de regressão padronizada são usados porque o pesquisador quer ver o nível de prioridade.

De acordo com o resultado do teste de análise de regressão múltipla que foi efectuado, formou-se a seguinte equação de regressão:

Y = **1053761728.208 - 0. 036A\ - 92139.813X_2 - 10923488.605^**

Onde:

Y = IDE Setor mineiro

X1 = Setor mineiro de exportação

X2 = Taxas de câmbio

X3 = Taxas de juro

A partir da regressão linear acima, podemos concluir que:

1. A equação tem uma Constanta de 1.053.761.728,208, o que significa que, mesmo que não haja alterações na Exportação do Setor Mineiro (x_1), nas Taxas de Câmbio (x_2) e nas Taxas de Juro (x_3), continua a haver um IDE do Setor Mineiro de 1.053.761.728,208.
2. A variável independente Setor mineiro de exportação (x_1) tem uma influência positiva no IDE Setor mineiro com um coeficiente de 0,036
3. A variável independente Taxas de câmbio (x_2) tem uma influência negativa no IDE do sector mineiro com um coeficiente de -92139,813
4. A variável independente taxas de juro (x_3) tem uma influência negativa no IDE do sector mineiro com um coeficiente de -10923488.605

4.5. Ensaio de modelos

4.5.1. Coeficiente de correlação (R)

O coeficiente de correlação é utilizado para medir a força e a direção da relação linear entre duas variáveis, dependendo do nível de medição das variáveis. Se os valores de R forem próximos de 1, significa que existe uma relação forte e que se podem prever correlações perfeitas entre as variáveis X e Y.

Tabela 4.10 Coeficiente de correlação (R) e determinação (R^2) Resultado do teste Resumo do modelob

Modelo	R	R Quadrado	Quadrado R ajustado	Erro Std. do Estimativa
1	.609ª	.370	.323	128290898.710

a. Preditores: (Constante), Taxas_de_juros, Sector_Mineração_exportação, Taxas_de_Câmbio

b. Variável dependente: IDE_Sector mineiro

Fonte: Dados Primários, Processados pelo SPSS V.20

A partir da tabela acima, podemos ver que o valor R é 0,609. Significa que a variável independente (Exportação mineira, Taxas de câmbio, Taxa de juro) tem uma correlação moderada (ver quadro 3.2) com a sua variável dependente (Exportação estrangeira, Taxa de juro).

Investimento Direto Setor Mineiro). Além disso, significa que a cada aumento numa variável, há um aumento correspondente na outra variável.

4.5.2. Determinação do coeficiente (R2)

O coeficiente de determinação (R^2) é utilizado para medir a capacidade do modelo para explicar a variação na variável dependente (Ghozali, 2005). Os valores de R^2 estão a aproximar-se de 1, o que significa que as variáveis independentes fornecem quase toda a informação necessária para prever a variação na variável independente.

O coeficiente de determinação que está a ser utilizado é o valor do R quadrado ajustado porque é mais fiável na avaliação do modelo de regressão. O valor do R quadrado ajustado pode aumentar ou diminuir quando a variável independente é acrescentada ao modelo. Em contraste com o valor de R^2 que teria aumentado uma variável independente adicional, independentemente do facto de estas variáveis influenciarem significativamente a variável dependente

O quadro 4.10 mostra que o valor do *R quadrado ajustado* é de 0,323, o que significa que a alteração da variável dependente, Investimento Direto Estrangeiro no Setor Mineiro, pode ser explicada em 32,3% pelas variáveis independentes (Exportação Mineira, Taxas de Câmbio, Taxa de Juro). E os outros 67,7% são explicados por outras causas fora do modelo.

Erro padrão da estimativa (SEE) na tabela acima 128 290 898,710, que tem um valor inferior ao desvio padrão que é 155 939 137,462. Um valor mais pequeno de SEE tornará a equação de regressão mais precisa na previsão da variável dependente.

4.5.3. Teste F

O teste F mostra se todas as variáveis independentes incluídas no modelo têm uma influência conjunta na variável dependente (Ghozali, 2005). Este teste é efectuado comparando o valor de F calculado com o valor da tabela F, utilizando um nível de significância de 5%. Se o valor de contagem de F for superior ao valor de F da tabela, então todas as variáveis independentes afectam simultaneamente a variável dependente. Além disso, também pode ver o valor da probabilidade. Se o valor da probabilidade for inferior a 0,05 (para um nível de significância =

5%), as variáveis independentes afectam simultaneamente a variável dependente. Entretanto, se a probabilidade for superior a 0,05, então as variáveis independentes não afectam simultaneamente a variável dependente.

Tabela 4.11 Resultado do teste F

ANOVAa

Modelo	Soma de quadrados	df	Quadrado médio	F	Sig.
Regressão	387289439805547390.000	3	129096479935182464.000	7.844	.000[b]
1Residual	658342187670370690.000	40	16458554691759268.000		
Total	1045631627475918080.000	43			

a. Variável dependente: IDE_Sector mineiro

b. Preditores: (Constante), Taxas_de_juros, Sector_Mineração_exportação, Taxas_de_Câmbio

Fonte: Dados Primários, Processados pelo SPSS V.20

De acordo com o teste ANOVA ou teste F acima, o resultado mostra um valor F de 7,844 com uma probabilidade de 0,000. Uma vez que a contagem F > Tabela F, que é 3,23, ou o valor significativo é inferior a 0,05, o modelo de regressão pode ser utilizado para prever a variável dependente (IDE no sector mineiro) e todas as variáveis independentes, que são a exportação mineira, as taxas de câmbio e a taxa de juro, afectam simultaneamente a variável dependente.

4.5.4. Teste T

O teste T é utilizado para verificar se as variáveis independentes (exportação mineira, taxas de câmbio e taxa de juro) afectam individualmente a variável dependente do sector mineiro do IDE ou não. O valor da tabela T neste estudo é 1,68385 (com base na tabela T com um nível de significância de 0,05).

Tabela 4.12 Resultado do teste T

Coeficientesa

Modelo	Coeficientes não padronizados		Normalizado Coeficientes	T	Sig.
	B	Erro Std.	Beta		
(Constante)	1053761728.208	480414182.643		2.193	.034
Setor da extração mineira	.036	.050	.142	.721	.475

Taxas de câmbio	-92139.813	40607.371	-.464	-2.269	.029
Taxas_de_juros	-10923488.605	42317757.803	-.043	-.258	.798

a. Variável dependente: IDE_Sector mineiro

Fonte: Dados Primários, Processados pelo SPSS V.20

As descrições sobre o resultado do teste T acima são as seguintes:

1. O valor de T contado da variável Setor Mineiro de Exportação (x_1) é 0,721 com um nível de significância de 0,475. Dado que o valor de T contado < tabela T e o nível de significância > uma probabilidade de significância = 0,05, então H0 é aceite e H_a é rejeitada. Significa que a variável "Setor mineiro de exportação" tem, individualmente, um efeito positivo mas não significativo na variável dependente.
2. O valor de T contado da variável Taxas de Câmbio (x_2) é -2,269 com um nível de significância de 0,029. Como o valor de T contado < tabela T e o nível de significância <a probabilidade de significância = 0,05, então H_0 é rejeitado e H_a é aceite. Significa que a variável taxa de câmbio tem individualmente uma influência negativa e um efeito significativo na variável dependente.
3. O valor de T contado da variável Taxa de juro (x_3) é -0,258 com um nível de significância de 0,798. Como o valor de T contado < tabela T e o nível de significância > uma probabilidade de significância = 0,05, então H_0 é aceite e H_a é rejeitado. Significa que a variável Taxa de juro tem, individualmente, um efeito negativo e não significativo na variável dependente.
4. De acordo com o enunciado do problema no capítulo 1, a variável que mais influencia o IDE no sector mineiro é a taxa de câmbio (x_2) com um nível de significância inferior a 0,029. As variáveis do sector mineiro das exportações e das taxas de juro não são significativas, sendo o seu valor significativo superior à probabilidade de significância = 0,05. Isto significa que a variável taxa de câmbio tem individualmente maior influência na variável dependente.

4.6. Interpretação dos resultados

Esta parte apresentará a discussão sobre os resultados da análise que foi efectuada anteriormente. Os resultados são descritos da seguinte forma:

4.6.1. Influência da exportação do sector mineiro (x_1) no IDE do sector mineiro (Y)

A declaração da primeira hipótese (H_a), que afirma que "uma exportação mais elevada do sector mineiro (x_1) resultará num IDE mais elevado do sector mineiro, foi rejeitada porque a variável, exportação do sector mineiro, tem um efeito positivo e não é significativa para o IDE Setor mineiro com um coeficiente de regressão de 0,036, o que significa que cada aumento de 1 unidade de exportação do sector mineiro (x_1), enquanto a outra variável é constante, provocará um aumento do IDE do sector mineiro de 0,036.

Acredita-se que o valor total das exportações continua a aumentar, seguido de um aumento no número de investimento direto estrangeiro na economia do país, porque o valor total das exportações tem um impacto positivo e significativo no investimento direto estrangeiro, bem como se pode inferir que tem uma relação complementar com o investimento direto estrangeiro. (Sarwedi, 2002)

De acordo com a declaração de Sarwedi acima referida, a exportação e o IDE têm um efeito positivo, tal como no resultado desta investigação, a exportação do sector mineiro tem um efeito positivo no IDE do sector mineiro. Se as exportações mineiras na Indonésia aumentarem, o IDE no sector mineiro também aumentará. Como podemos comparar entre a figura 4.1 (sector mineiro do IDE) e a figura 4.2 (sector mineiro das exportações). O IDE no sector mineiro entre 2009 e 2012 tem uma tendência de alta, embora no final de 2010 e 2011 tenha diminuído. Tal como o sector mineiro de exportação, também o sector mineiro de exportação apresenta uma tendência de alta entre 2009 e 2012. Em 2009, as exportações do sector mineiro aumentaram e aumentaram também no ano seguinte. Em outubro de 2010, as exportações do sector mineiro podem diminuir de 2,2 mil milhões de dólares para 1,5 mil milhões de dólares, recuperando para 2,8 mil milhões de dólares no mês seguinte e continuando a subir em 2011. Assim, a sua correspondência com a teoria de Sarwedi, as exportações e o IDE têm um efeito positivo.

4.6.2. A influência da taxa de câmbio (x_2) no IDE do sector mineiro (Y)

A declaração da hipótese (H_a) que afirma que "uma taxa de câmbio mais baixa (x_2) resultará num maior IDE no sector mineiro pode ser aceite porque a variável, taxa de câmbio, tem um efeito negativo e significativo no retorno do IDE no sector mineiro com um coeficiente de regressão de -92.139,813, o que significa que cada aumento de 1 unidade da taxa de câmbio (x_2), enquanto a outra variável é constante, causará uma diminuição do IDE no sector mineiro em 92.139,813.

(Campa, 1993), no seu modelo, a decisão da empresa de investir ou não no estrangeiro depende das expectativas de rendibilidade futura. Neste caso, quanto mais elevado for o nível da taxa de câmbio (medido em unidades de moeda estrangeira por moeda do país de acolhimento) e quanto mais esta estiver a subir, mais elevadas serão as expectativas de lucros futuros com a entrada num mercado estrangeiro, e Campa prevê que uma apreciação da moeda do país de acolhimento aumentará o IDE no país de acolhimento.

Como se pode ver na figura 4.1 (IDE do sector mineiro) e na figura 4.3 (taxa de câmbio), desde 2009 até 2012 o IDE do sector mineiro tem uma tendência ascendente, ao contrário da taxa de câmbio que tem uma tendência descendente. No início de 2009, a taxa de câmbio rondava os IDR 11.500 e em meados de 2012 era de IDR 9.480, ou seja, a taxa de câmbio registou uma apreciação de 2009 a 2012. Por conseguinte, a teoria de Campa prevê que uma apreciação da moeda do país de acolhimento aumentará o IDE no país de acolhimento.

4.6.3. A influência das taxas de juro (x3) no IDE do sector mineiro (Y)

A hipótese (Ha) que afirma que "Taxas de juro mais elevadas (x3) resultarão em menor IDE no sector mineiro" foi rejeitada porque a variável, taxas de juro, tem um efeito negativo e não significativo no IDE do sector mineiro com um coeficiente de regressão de -10.923.488,605, o que significa que cada aumento de 1 unidade das taxas de juro (x3), enquanto a outra variável é constante, causará uma diminuição do IDE do sector mineiro em 10.923.488,605.

De acordo com Keynes, no livro Teoria Geral, que explica que o investimento será efectuado pelo investidor se a taxa de rendibilidade do capital for maior ou igual à taxa de juro. Se a taxa de juro for superior à taxa de rendibilidade do capital, o investidor não efectuará o investimento.

Como se pode ver na figura 4.1, o IDE no sector mineiro tem uma tendência de crescimento desde 2009 até 2012. A subida do IDE no sector mineiro é um pouco mais difícil porque no final de 2010 e 2009 diminuiu rapidamente, mas continua a aumentar ano após ano. Em contraste com a figura 4.4 (taxas de juro), a partir de 2009 e até 2012, as taxas de juro têm uma tendência descendente. No início de 2009, as taxas de juro são de 8,75% e no início de 2012 são de 5,75% ou
diminuindo 3%. Por conseguinte, está em conformidade com a teoria geral de Keynes, segundo a qual um aumento das taxas de juro conduz a uma diminuição do IDE e vice-versa.

4.6.4. A influência da exportação do sector mineiro (X1), das taxas de câmbio (X2) e das taxas de juro (X3) no IDE do sector mineiro (Y)

Os resultados desta investigação mostram que o IDE do sector mineiro é afetado pela exportação do sector mineiro, pelas taxas de câmbio e pelas taxas de juro. Este facto é comprovado pelo teste F realizado anteriormente, com um resultado de 7,844. Isto significa que todas as variáveis independentes, que são o sector mineiro de exportação, as taxas de câmbio e as taxas de juro, afectam a variável dependente. Se as variáveis independentes apresentarem alterações, estas afectarão o IDE do sector mineiro.

CONCLUSÃO E RECOMENDAÇÃO

Conclusão

Este estudo foi realizado para determinar em que medida o sector mineiro de exportação, as taxas de câmbio e as taxas de juro influenciaram o IDE do sector mineiro, a fim de sensibilizar os investidores estrangeiros para as variáveis que podem ser utilizadas para prever expectativas futuras. Com base na análise e discussão efectuadas no capítulo anterior, pode concluir-se o seguinte

Com base na análise e discussão efectuadas, pode concluir-se o seguinte:

1. A exportação mineira (x_1) é uma variável independente que tem uma influência positiva no sector mineiro do IDE, com um valor T inferior à tabela t e um nível de significância superior à probabilidade de significância de 0,05. Isto significa que a exportação mineira tem um efeito positivo e não significativo no IDE do sector mineiro (Y).
2. As taxas de câmbio (x_2) são uma variável independente que tem uma influência negativa no IDE do sector mineiro, com um valor T inferior à tabela t e um nível de significância inferior à probabilidade de significância de 0,05. Isto significa que as taxas de câmbio têm um efeito negativo e significativo no IDE do sector mineiro (Y).
3. As taxas de juro (x_3) são uma variável independente que tem uma influência negativa no IDE do sector mineiro, com um valor T inferior à tabela t e um nível de significância superior à probabilidade de significância de 0,05. Isto significa que as taxas de juro têm um efeito negativo e não significativo no IDE do sector mineiro (Y).
4. Do total das variáveis independentes (sector mineiro de exportação, taxas de câmbio e taxas de juro), as taxas de câmbio são as variáveis que mais influenciam o sector mineiro de IDE na Indonésia, com um valor T superior ao da tabela t e um nível de significância inferior à probabilidade de significância de 0,05. Isto significa que as taxas de câmbio têm um efeito negativo e significativo no IDE do sector mineiro (Y). Se compararmos com outras variáveis independentes, o sector mineiro de exportação e a variável das taxas de juro não são significativas, pois o seu valor significativo é superior à probabilidade de significância = 0,05.

Recomendação

Depois de terminar a análise e dar a conclusão para esta investigação, o escritor também dará algumas recomendações e sugestões para o governo e para o próximo investigador.

1. Governo

   A partir dos resultados obtidos, o autor sugere que o governo deve, por conseguinte, implementar políticas que permitam a apreciação das taxas de câmbio; considerar a taxa de câmbio como um fator que influenciou e sinificou o investimento direto estrangeiro no sector mineiro na Indonésia.

2. O próximo investigador

Para o próximo investigador, o autor sugere que investigue outro sector de iniciação ao IDE na Indonésia, como o sector das culturas e plantações alimentares, da pecuária, da silvicultura e das pescas, que poderá dar outro resultado, e que utilize mais tempo (n) para o investigador, de modo a obter resultados melhores e mais eficazes.

Além disso, será mais exato se o próximo investigador utilizar mais variáveis independentes (X) na investigação dos factores que afectam o investimento direto estrangeiro (Y), por exemplo, o produto interno bruto, a taxa de inflação, as tarifas e os impostos, as infra-estruturas e o custo da mão de obra.

REFERÊNCIAS

Livros

Ball, M. F. (2006). *International Business The Challenge of Global Competition 10e.* Nova Iorque: Mc-Graw-Hill.

Bougie, U. S. (2009). *research methds for business.* London: John Wiley& Sons Ltd.

Ghozali. (2005). *Aplikasi Analisis Multivariate Dengan Program Spss.* Semarang: Badan Penerbit Universitas Diponegoro.

Gilbert A. Churchill, T. J. (2009). *Pesquisa básica de marketing.* South-Western College Pub; 7 edição.

Gitman&Joehnk. (2008). *Fundamentals of Investing.* Boston: Pearson.

Herlambang, S. &. (2001). *Ekonomi Makro Teori, Analisis dan Kebijakan.* Jakarta: Gramedia Pustaka Utama.

Hill, C. (2009). *International Businss Competing in The global Marketplace.* New York: Mc Graw-Hill.

Kenneth d lawrence, r. K. (2009). *Fundamentas of Forecasting using excel.* New York: Industrial Press Inc.

Kothari, C. R. (2004). *Metodologia de investigação: Methods and Techniques.* Nova Deli: New Age International.

Krugman, E. M. (1995). *Foreign Diret Investment in United States.* Washington DC: Instituto de Economia Internacional.

Mankiw, N. G. (2008). *Principle of Economics.* Mason: Cengage Learning.

Oman, C. (2000). *Policy Competition for Foreign Diret Investment: A study of competition Government to attract FDI.* Paris: OCDE.

Pagan, T. B. (1979). *A somple Test for Heteroscedasticity and Random Coeeficient Variable.* The economic society.

Porter, G. &. (2012). *Dasar dasar ekonometrika Buku 2.* Jakarta: Salemba Empat.

Sugiyono. (2007). *Metode Penelitian Bisnis.* Jakarta: PT Gramedia.

Sukirno, S. (2000). *Makroekonomi modern.* jakarta: Grafindo Persada.

Sukirno, S. (2006). *Pengantar Bisnis Edisi Pertama.* Jakarta: Prenada Media.

Sunyoto, D. (2011). *Analisis Regresi dan Uji Hipotesis.* Capa.

Taylor. (2007). *Principle of Macro Ecnomic.* Boston: George Hoffman.

Tendelilin, E. (2010). *Portfolio dan Investasi.* Yogyakarta: Kanisius.

Widjarjono, A. (2009). *Ekonometrika, Pengantar dan Aplikasi.* Yogyakarta: Ekonisia.

Revistas

Campa, J. (1993). Entry by Foreign Firms in the United States. *Revista de Economia e Estatística .*

David Greenaway, R. K. (2009). *research paper series globalisation, productivity and technology (Exchange Rates, Exports and FDI: A Microeconometric Analysis).* Universidade de Nottingham.

Domar, E. (1997). Essays in the Theory Economic Growth (Ensaios sobre a teoria do crescimento económico). *Journal of International Economics .*

Froot, K. &. (1991). Exchange Rates and Foreign Diret Investment: An Imperfect Capital Markets Approach. *Quartely Journal of Economics .*

Kiat, J. (2008). *The effect of exchange rate and inflation on south africa and its relationship with economic growth in south africa.* Universidade de Pretória.

OSINUBI, T. S. (2009). INVESTIMENTO DIRECTO ESTRANGEIRO E TAXA DE CÂMBIO. *Jornal Internacional de Econometria Aplicada e Estudos Quantitativos .*

Petrus, I. L. (2012). *ANALISIS FAKTOR-FAKTOR MAKROEKONOMI YANG MEMPENGARUHI INVESTASI SEKTOR TRANSPORTASI DI INDONESIA PERIODE 2001-2010.* Makasar.

Sarwedi. (2002). INVESTASI ASING LANGSUNG DI INDONESIA. *Jurnal*

Akuntansi & Keuangan Vol. 4, No. 1, Universitas Jember .

Sítios Web

Asmadi. (2012, 28 de novembro). *Alwinsyah: Cadangan Tambang Besar, Tapi Lemah Pengelolaan*. Recuperado em 15 de janeiro de 2013, de Tribun news ou Bangka Pos: http://bangka.tribunnews.com/2012/11/28/alwinsyah- cadangan-tambang- besar-tapi-lemah-pengelolaan

Gosta, D. R. (2012, 26 de julho). *REALISASI INVESTASI: SERAP 709.898 TENAGA KERJA SELAMA SEMESTER I.* Recuperado em 28 de novembro de 2012, de Bisnis Indonesia: http://m.bisnis.com/articles/realisasi- investasi-serap-709-dot-898-tenaga-kerja-selama-semester-i

Hamson, Z. (2012, 1 de fevereiro). *Investasi Tambang di Indonesia Masih Butuhkan Rp830 Triliun.* Recuperado em 20 de novembro de 2012, de Morowaliglobal.com: http://morowaliglobal.com/berita-157-investasi-tambang-di-indonesia- masih-butuhkan-rp830-triliun.html

Indonésia, M. o. (2009). *Lei da República da Indonésia n.º 4 de 2009 relativa à extração de minerais e carvão.* Jakarta: Ministro da Justiça e dos Direitos Humanos da República da Indonésia.

Kuo, C. S. (2008). *A Indústria Mineral da Indonésia.* Recuperado em 21 de novembro de 2012, de USGS Mineral Book Year - Indonésia: http://minerals.usgs.gov/minerals/pubs/country/2008/myb3-2008-id.pdf

MUDARA, I. M. (2012, novembro). *PENGARUH PRODUK DOMESTIK BRUTO, SUKU BUNGA, UPAH PEKERJA, DAN NILAI TOTAL EKSPOR TERHADAP INVESTASI ASING LANGSUNG DI INDONESIA.* Obtido em 30 de novembro de 2012, de http://eprints.undip.ac.id/32124/1/Skripsi_11.pdf

Teste de normalidade. (n.d.). Recuperado em 15 de janeiro de 2013, de Origin Lab: http://www.originlab.com/www/helponline/Origin/en/Category/Normality Test.html

Pradipta, V. A. (2011, 21 de setembro). *Uau! RI Masih Butuh Investasi Tambang Rp830 Triliun.* Recuperado em 10 de janeiro de 2012, de Bisnis.com: http://www.bisnis.com/articles/wow-ri-masih-butuh-investasi-tambang- rp830- triliun

Rights, M. o. (2007). *Lei número 27 de 2007 da República da Indonésia relativa ao investimento.* Jakarta: República da Indonésia.

W.SOELISTIJO, U. (2012, junho). *Dinamika Penanaman Modal Asing (PMA).* Obtido em 28 de novembro de 2012, de http://isjd.pdii.lipi.go.id/admin/jurnal/271117986_0215-8175.pdf

MIX
Papier aus verantwortungsvollen Quellen
Paper from responsible sources
FSC® C105338

Printed by Books on Demand GmbH, Norderstedt / Germany